AF202793

Tucholsky   Wagner   Zola   Scott
   Turgenev   Wallace   Fonatne Sydow   Freud   Schlegel
      Twain   Walther von der Vogelweide   Fouqué   Friedrich II. von Preußen
            Weber   Freiligrath   Frey
Fechner Fichte Weiße Rose von Fallersleben Kant Ernst   Frommel
                                       Richthofen
      Engels   Fielding   Hölderlin
   Fehrs   Faber   Flaubert   Eichendorff   Tacitus   Dumas
                              Eliasberg   Ebner Eschenbach
Feuerbach Maximilian I. von Habsburg Fock   Zweig
                  Ewald   Eliot   Vergil
      Goethe   Elisabeth von Österreich   London
Mendelssohn Balzac   Shakespeare   Dostojewski   Ganghofer
                  Lichtenberg   Rathenau   Doyle
   Trackl   Stevenson   Hambruch   Gjellerup
Mommsen   Thoma   Tolstoi   Lenz   Hanrieder   Droste-Hülshoff
Dach   Verne von Arnim Hägele   Hauff   Humboldt
   Reuter
   Karrillon   Garschin Rousseau Hagen   Hauptmann   Gautier
      Damaschke   Defoe   Hebbel   Baudelaire
                  Descartes   Hegel   Kussmaul   Herder
Wolfram von Eschenbach   Dickens   Schopenhauer   Rilke   George
   Bronner   Darwin   Melville   Grimm Jerome   Bebel   Proust
      Campe   Horváth   Aristoteles   Federer
Bismarck   Vigny   Barlach   Voltaire   Herodot
               Gengenbach   Heine
   Storm   Casanova   Tersteegen   Gilm   Grillparzer   Georgy
         Chamberlain   Lessing   Langbein   Gryphius
Brentano   Lafontaine
   Strachwitz   Claudius   Schiller   Kralik   Iffland Sokrates
      Katharina II. von Rußland   Bellamy Schilling
                        Gerstäcker   Raabe   Gibbon   Tschechow
Löns   Hesse   Hoffmann   Gogol   Wilde   Gleim   Vulpius
   Luther Heym Hofmannsthal   Klee Hölty   Morgenstern   Goedicke
      Roth   Heyse Klopstock   Kleist
Luxemburg   Puschkin   Homer   Mörike
      La Roche   Horaz   Musil
   Machiavelli   Kierkegaard   Kraft   Kraus
Navarra Aurel   Musset   Moltke
               Lamprecht Kind Kirchhoff Hugo
   Nestroy Marie de France
      Nietzsche   Nansen   Laotse   Ipsen   Liebknecht
               Marx   Ringelnatz
   von Ossietzky   Lassalle Gorki Klett   Leibniz
         May   vom Stein Lawrence   Irving
   Petalozzi   Knigge
      Platon   Michelangelo   Kafka
   Sachs   Poe   Pückler   Kock
                           Liebermann   Korolenko
      de Sade Praetorius   Mistral   Zetkin

Bruder Wurm

Arthur Holitscher

Impressum

Autor: Arthur Holitscher
Umschlagkonzept: toepferschumann, Berlin

Verlag: tredition GmbH, Hamburg
ISBN: 978-3-8495-3042-6
Printed in Germany

Die Zeit der hellen Nächte war schon vorüber; wir schrieben Mitte August neunzehnhundertsiebzehn. An die zwölf Wochen hatten wir nun in Stockholm gesessen und gewartet, daß der Kongreß beginne. Der Kongreß der Internationale, der Proletarier aller Länder. Der Kongreß, der zeigen sollte, daß die Völker gewillt seien, den großen Krieg zu beenden. Schluß und nie wieder! Wir stellten ein kleines, buntes Völkergemisch vor. Es waren Delegierte, Journalisten, Geschichtsschreiber, Menschenfreunde aus den kriegführenden und den neutralen Ländern gekommen. Da wir einander während dieser zwölf Wochen einigermaßen kennengelernt hatten, fiel es manchem bereits schwer,»wir« zu sagen. Einer und der andre ging seiner Wege und sagte lieber»ich«. Mit den Völkern draußen verhielt es sich ja ebenso.

Zwei Ämter gab es in der Stadt; das eine hieß:»Holländisch-Skandinavisches Komitee« und das andre:»Bureau des Petersburger Arbeiter- und Soldatenrates«. Aus diesen beiden Ämtern flatterten unausgesetzt Manifeste und Bulletins in die Welt hinaus, wie Brieftauben aus einem Posttaubenschlag. Irgendwo in der Welt stand eine stumpfe Mauer, an die flogen sie an, an der zerschlugen sich die beschwingten Wünsche und Gedanken und wirbelten zu Boden nieder; armselige Papierfetzen, gut genug, um von einem späteren Chronisten mit der Harke in den Sack hineingefegt zu werden, in dem der Abfall des Weltgeschehens aufbewahrt wird.

Allmählich wurden wir weniger. Mancher hatte genug und reiste ab.

In der dreizehnten Woche machte das Komitee eine Anstrengung. Es suchte und fand einen Saal für den Friedenskongreß der Internationale. Wir Übriggebliebenen horchten auf. Er sollte also zustande kommen! Wen die Neuigkeit beim Kofferpacken überraschte, der blieb in seiner Stube stehen und überlegte, ob er seine Sachen nicht in den Schrank zurücklegen sollte. Der Kongreß! Der Kongreß sollte zustande kommen!

Die Wahl war auf den Saal bei Berns gefallen, einen großen, Einheimischen wie Fremden wohlbekannten, im marktschreierischen Varieteegeschmack mit Goldstukko, Spiegeln und Draperien geschmückten Raum des alten Vergnügungsetablissements mitten in der Stadt, zwischen der Strandpromenade und dem Grand-Hotel, im hübschen kleinen Berzeliuspark am Neubrückenhafen gelegen, von wo man solch einen feinen Ausblick auf das Gewimmel weißer Schärendampfer, schwarzer Kohlenprahme und der mit Holz hoch beladenen Nordlandssegler hatte.

Ein ganz alter, aber jung gebliebener Trieb in mir hieß mich seit jeher einen Kult mit Personen und auch mit Orten, Häusern, Gärten und Plätzen treiben; diesem Trieb hatte ich in den verflossenen zwölf Wochen freien Lauf lassen können. Ich war ja mit manchem Menschenfreunde, Gelehrten und Apostel beisammen gewesen und hatte mich vor allerhand Häusern in der Stadt herumgetrieben, in denen bei Tag und zur Nachtzeit, laut und insgeheim, Dinge verhandelt wurden, die vielleicht die äußere Welt nur wenig, die meine aber um so tiefer berührten.

Kaum war es bekannt geworden, daß Berns zum Schauplatz des welthistorischen Ereignisses auserkoren sei – da hatte ich mich auch schon auf den Weg zum Berzeliuspark gemacht.

Auf der langgestreckten Terrasse vor Berns saß die Menschenmenge und hörte der Militärkapelle im Pavillon zu. Tausend bunte Lampen und Glühlichter spielten über den Köpfen der Leute, glitzerten in den Gläsern und Punschkübeln auf den Tischen, zwischen denen die Kellner rotbemützt herumliefen.

Vor den Terrassen war der kleine Park, in dem die Zaungäste die Musik mit anhörten, dunkel und verhältnismäßig still. Die Schweden machen im allgemeinen wenig Lärm. Sie sind ein phlegmatisches Volk. Man konnte auf den Bänken des Parkes ruhig sitzen, seinen Gedanken beschaulich nachhängen, die Vorüberwandelnden betrachten und die glühenden Zigarrenspitzen in den Alleen zählen. Verstummte die Musik im Pavillon, so war der Gesang der Komiker und Soubretten aus dem für das historische Ereignis auserwählten Saal zu hören. Man spielte jetzt dort drin eine Sommerposse.

Ich setzte mich auf eine Bank, nicht weit von dem Denkmal Berzelius', nach dem der Park seinen Namen hat. Auf dem Granitsockel steht der Gelehrte, ein überlebensgroßer, feister und gemütlicher Herr in Hosen und Mantel, und sticht sich mit einem Bleistift aus Bronze energisch in die Nabelgegend. Soviel ich weiß, hat er wichtige Entdeckungen zur Kenntnis der anorganischen Chemie gemacht. Über sein privates Leben weiß ich nicht viel. In Schweden haben es die Naturforscher gut, die Genies im großen ganzen weniger gut gehabt. Sein Mantel wirft pompöse Falten, aber das tun auch fadenscheinige Mäntel. Die Frage nach seinen irdischen Schicksalen bleibt somit unbeantwortet.

Rings um das Denkmal stehen in großen Büschen rote, weiße und gelbe Nelken; sozialistische, pazifistische und Streikbrecherblumen. Die sauber geschnittenen Rasenflächen zwischen den Alleen strömen erquickende Frische aus, denn es hat heut morgen nach langer Pause wieder geregnet, sogar zweimal.

Ich sitze und schaue und fühle mich wohl. Welch ein heiterer Abend! Es hat geregnet, und die Hoffnung ist wieder eingekehrt in Stockholm! Dort drüben ist der Saal, in dem der Kongreß stattfinden wird. Es ist ein geräumiger Saal, er faßt Menschen aus aller Herren Ländern. Der Kongreß wird, nach so langem, verzweifeltem Warten, nun doch zustande kommen!

Ich liebe auf einmal wieder die Menschen. Sie alle. Die auf den Terrassen, die in den Alleen, die auf der Bank neben mir. Und die dort draußen über den Neubrückenhafen zwischen der Strandpromenade und dem Grand-Hotel hin und her gehen. Ja, ich liebe alle Menschen, mit wenigen Ausnahmen. Heute noch mehr als gestern. In der Tat, ich bekenne mich zu einem guten und warmen Gefühl für die Menschen. Für die Massen, das Volk. Für euch, uns, dich, sogar für mich.

Ja, ich liebe alle. Mich und dich und dich. Ich liebe auch den dort, den sonderbaren Heiligen mit seiner Laterne in der Hand und der Pfeife zwischen den Zähnen, dem ich jetzt schon eine ganze Weile zugesehen habe. Er schleicht, mit gebeugtem Kopf und einem kleinen grünen Lichtschein um die Füße, über den Rasen und sucht etwas. Hallo, was hast du verloren, Alter? Die Musik, die Menschen, der bevölkerte Park, und du abseits auf dem Gras mit deiner Laterne – solltest du am Ende der Weise Diogenes sein?

Wie ich sehe, ist der Wanderer mit der Laterne auch andern aufgefallen. Ein Soldat bleibt stehen und zeigt ihn seiner Begleiterin. Über meinen Kopf weg höre ich ein schwedisches Wort, das ich nicht verstehe. Darm wiederholt es das Mädchen mit lachendem Mund. Ich ziehe mein kleines Wörterbuch aus der Tasche und schaue beim Schein eines Streichholzes nach, was »*daggmask*« bedeutet. »*Daggmask*« bedeutet: Regenwurm.

Schade um das Wort. Welch ein Klang. Wunderbare Gedankenverbindungen! *Dagger* heißt auf englisch Dolch und *Masque* Festzug. Also: Romantik, Verona, die Capulets! Aber auch dies: Maske des Tages, der vermummte Tag. Eine Larve, Lemure des Sonnenlichtes, dieser Mensch. Aber nein: er sucht ganz einfach nach Regenwürmern im Rasen, die er für ein paar Öre, etwa einen Groschen das Dutzend, an Angler verkauft. Er ist also ein armer Hund, dieser Diogenes, obzwar er ja findet, was er sucht. Ich fühle mich heut hingezogen zu ihm; etwas Warmes, Gutes erfüllt mich gegen den armen Heiligen; sieh doch, wie er sich bückt, ein Ding aus dem Rasen zieht, wie er, mit sicherem Griff, der Tüchtigkeit in seinem Fache verrät, den Fund in seinen Blecheimer tut. Hierauf geht er weiter, Augen, Nase, Pfeifchen und Kinn zum Rasen niedergebeugt, einen kleinen grünen Lichtschein vor seinen Füßen auf der dunklen Erde. Die Ärmsten haben ihren Heiligenschein auf dem Erdboden um ihre Füße.

Ich hätte Lust, ihn anzureden. Vielleicht so zu ihm zu sprechen: Daggmask, lieber Bruder Daggmask! Weißt du schon, was sich fünf Schritte weit vor deiner Laterne befindet? Der Saal! Der Saal bei Berns! Der historische Saal! Der Schauplatz des künftigen Kongresses, der Ort, wo du und ich, wo wir alle, alle erlöst, befreit, seliggesprochen werden sollen ... Weißt du es auch, was uns bevorsteht, lieber Bruder? Bruder Taglarve, Nachtschatten, Bruder Daggmask, lieber Bruder vor Berns?

Was reden Sie? Reden Sie zu mir? Ich weiß ja nicht, was Sie mit dem Saal meinen, mit Kongreß und Erlösung und all dem Zeug. Was wollen Sie denn gerade von mir? Haben Sie niemand anders, um mit ihm zu reden, als mich zerlumptes Individuum, unwissendes, gegen soziale Dinge gänzlich gleichgültiges Individuum, das nicht einmal so viel von sich weiß, ob es gut oder schlecht ist?

– O schweige, schweig still, Bruder. Ich sehe, du bist ein Mensch aus dem Durchschnitt, nicht mehr und nicht weniger als was ich von dir erwartet habe. Nur vielleicht um einen Grad elender bist du als die andern. Du bist ein Mensch, der dem Schein nachgeht, genau wie es die andern tun. Einem Schein, der dich in die Irre führt. Deine Laterne tut das nicht, mit ihr triffst du das Richtige.

Glaubst du denn, ich gebe etwas auf den Schein? Das Offenbare? Die Oberfläche von einem Menschen?

Willst du dich für einen Augenblick dorthin, auf den Prellstein setzen mit mir? An den Weg, der von der Strandpromenade über den Neubrückenhafen zum Grand-Hotel führt?

Gut.

Sieh dir einmal den dort an, der jetzt quer über den Fahrweg geht. Ja, ja, den mit den Zeitungen in der Tasche. Du hältst ihn für einen Bettler, nicht wahr? Er ist nicht gerade zerlumpt, wenn auch sein Anzug fleckig und geflickt ist, seine Wäsche grau und seine Schuhe Löcher an den Seiten haben. Weiß Gott, wie lange sein Hut sich mit dem Schweiß seiner Stirne vollgesogen hat. Er geht mit einem heiteren Gesicht einher, mit struppigem Bart und nicht sehr sauberen Fingernägeln; wie einer, der's weiß, wie's auf der Menschenwelt zugeht; und der's gehen läßt, wie es mag, wenn auch über seinen Leib weg.

Ich werde dir sagen, wer das ist. Er ist kein Bettler und kein Strolch, sondern ein Millionär aus Chikago; er ist Doktor und hat in Harvard promoviert. Glaube mir's, ich kenne ihn gut. Er sinnt nicht darüber nach, wo er heut sein Nachtlager haben könnte, sondern er sinnt über Liebe und Mitleid nach. Und auch darüber, wie die Menschen zu erlösen wären. Er haßt das Geld. Aber er streut es an die Stellen aus, wo es gute Früchte tragen kann. Ein Almosen kannst du vielleicht von ihm erwarten, er wird es dir aber nicht gerne geben. Wohl aber werden Taten in die Höhe schießen, dort, wohin sein Geld gefallen ist. Dies war der Zerlumpte. –

Jener Kahlköpfige aber, mit dem Hut in der Hand, ist der Professor. Der Wissende. Der was gelernt und gelesen hat. Der die Materie erkannt hat und beherrscht. Sieh: er geht mit einem jungen Mann den Bürgersteig entlang und doziert. Er formt kurze Sätze, gegen die es kein Appellieren gibt, seine Handbewegungen mähen den bescheidenen Widerspruch glatt am Boden nieder. Er schließt die Augen und grinst. Das Grinsen ist das Lächeln der Leute, die besser wissen. Die Welt ist ein Klassenzimmer mit Reihen von Schulbänken, und alle Menschen haben weniger gelesen als der Professor. Sieh nur – den jungen Mann brennt's inwendig. Wie gerne schrie er heraus, was er fühlt und denkt. Indes, er würde ja doch nicht gehört werden. Denn er fühlt ja bloß, der Professor aber weiß. Immerhin kann er es nicht hindern, daß seine Hand sich hebe – er hebt einen Finger, wie um Zeugenschaft abzulegen. Der Professor bemerkt die Gebärde, mißversteht sie und denkt: Warte mit deiner Notdurft, bis die Stunde zu Ende ist! ...

Aber hetze du nur einmal einen Professor auf den Professor! Einen, der ebensoviel gelesen hat, nur andre Bücher als er. Einen, der in einer andern Materie beschlagen und unfehlbar ist. Beachte den Überrumpelten, wie kleinlaut er wird! Wie seine Sätze sich dehnen, in ihrem Schwanz verwickeln, wie aus dem Grinsen der Überlegenheit die verlegene Grimasse der Ignoranz wird! Beobachte die Niederlage des Wissenden. Denn es ist leichter, mit einem Bücherbord eine Gesinnung hinterrücks niederzuschlagen, als einen fremden Bücherbord kaputt zu machen, der sich drohend erhoben hat. Dies war der Wissende. –

Und der dort mit dem Drosselbart ist ein Sozialist. Sahst du ihn nicht im Blättchen abgebildet, das man in deinem Viertel liest? Ein Sozialist – was du nicht bist, Bruder Daggmask! Er steckt insgeheim mit der Regierung seines Landes unter einer Decke; die Regierung ist zwar autokratisch, aber er leistet ihr kleine Dienste, und sie leistet ihm kleine Gegendienste. Er genießt hohes Ansehen und gilt als Zierde seiner Partei. Wer weiß, vielleicht steigt er noch einmal zum Ministersessel empor und setzt sich auf ihn ... Auch er ist gekommen, um uns zu erlösen. Bruder, sieh ihn dir gut an! Es ist der Sozialist...

Und dort in dem Schwärm, der jetzt aus der Trambahn steigt und des Wegs daherkommt, ist der eine ein Guter und der andre ein ausgesprochener Bösewicht; der eine edel und uneigennützig, der andre kalt und ein Egoist; es ist ein Glück, daß sie allesamt so rasch vorübergehen, denn man könnte sie bei näherem Hinsehen nicht so genau voneinander unterscheiden!

Ja, kehre zu deinen Würmern zurück und suche den Rasen weiter ab mit deinem Kerzenstümpfchen unter Glas. Ich könnte mir wohl andre Leute denken und aussuchen, um mit ihnen an diesem schönen Abend Dinge aus innerem Herzensgrund zu besprechen. Damit magst du recht haben. Gewiß, Leute deines Schlages gehörten nicht immer zu denen, mit denen ich am liebsten Verkehr gepflogen hätte. Oh, einst –

Auf einem Landsitz, in einem weiten, efeuübersponnenen Schloß mit einem Rasenplatz bis an den Rand des Kreidefelsens über dem Meere, im Bibliotheksaal mit den gotischen Fenstern sitzen ein paar Menschen beisammen; da ist der Naturforscher, der hohe Greis, der sich in späten Jahren zu Gott bekehrt hat; und die junge Aristokratin, die in den Elendsquartieren ihrer Stadt herumging, und jetzt gibt es dort keine Elendsquartiere mehr; und der Dichter liest uns den Sang von den Schwänen des Teiches vor, an dem sein Elternhaus gestanden hat, die alte Volkssage seines Landes; eine wunderschöne, weißhaarige Frau, schmale Lippen und die schlanksten Hände der Welt unter dem Kinn gefaltet, horcht mit geschlossenen Augen; zwischen ihren verschränkten Fingern und ihrem entblößten, noch so jugendlich zarten Hals schwebt eine Kette, aus orientalischen Steinen, Perlen und Amuletten zusammengefügt – sie ist die Herrin des Schlosses, wir, ihre Gäste, kennen ihren Ruhm, wie er den Denkern des heutigen Indiens und den erlesensten Geistern Europas bekannt ist... Es wäre herrlich gewesen, mit Menschen solcher Art Gemeinschaft zu pflegen ...

Und dann tauchen Namen von Verstorbenen auf im Gedächtnis, Namen tiefer und gütiger Menschen, die Freund und Kamerad hießen und die das Leben rasch vertilgt hat; und auch Namen von Lebenden, die vom Leben weggeschwemmt worden sind, in die Fernen, auf Nimmerwiedersehen. Orte, so greifbar und deutlich, wie es nur Orte bleiben, nach denen man sich zeit seines Lebens zurücksehen muß. Verknüpfung mit Männern und Frauen, hochherzigen und tollkühnen, versponnenen und der Welt ab in die eigene Seele gewandten Menschen in zwei Erdteilen. Ach, was hätte es denn für einen Zweck, all die Erinnerungen zwischen Erlebnis und Wunsch aufzufrischen, all die entflohenen und auch all die ausgenutzten Gelegenheiten herzuzählen? Jetzt ist ja doch alles anders geworden. Um es herauszusagen: die Menschen sind mir unheimlich, unheimlich und tief entsetzlich geworden. Die Schuldigen sowohl wie die durch Duldung Mitschuldigen, die Bewußten und die Ahnungslosen, die Schönen und die Häßlichen, die Gutgekleideten und die Zerlumpten, die mit den hohen Gedanken und die mit den niedrigen. Die Sicheren und die Schwankenden. Es kam dieser Krieg. Ich weiß es nun, Bruder: du bist ein Wolf und Schakal wie alle, wie wir alle es sind. Ich darf mich dir mit voller Seelenruhe anvertrauen. Du oder ein andrer. Es ist ja einerlei.

Oft ist es mir, als sollt ich mir die Kleider vom Leibe reißen, das Haar zerraufen, mich einen Monat lang nicht waschen. Ich möchte dann in Lumpen und mit Läusen auf der Haut, barfuß und mit verquollenen Lidern unter die Menschen gehen, wie Äsop, den Velazquez gemalt hat, oder wie der Thomas Virelocque von Gavarni. Herrlich müßte es sein, im Rinnstein zu sitzen, den Menschen nicht höher als auf die Schuhe zu sehen, alles zu vergessen, was Weisheit, Schönheit gelehrt haben, was das Leben unter Menschen lebenswert oder auch nur verständlich macht. Im Rinnstein sitzen, gestoßen werden und dabei zu sinnen. Dem heißen, innigen Hang, nichts mehr mit den Menschen zu tun zu haben, nachzusinnen ...

Aber da meldet sich die Erkenntnis: Es gelingt dir nicht. Es gibt kein Entrinnen. Du, sie und ich, alle, die »wir« sagen, und jeder einzelne, der abseits geht und »ich« sagt, alle sind unauflöslich und schicksalhaft miteinander verbunden in der Zeitgenossenschaft dieses heutigen Tages.

Lange schon, ehe dieses Heute heraufgekommen ist, in dem die Bestie unumschränkt regiert, hat es Menschen gegeben, die keinen Anteil an der Zeit hatten, in die sie hineingeboren wurden. Die sich nicht in diese Zeit schicken konnten und mochten, in der der Spieler, der Spekulant und der Parasit oben auf der Spitze des Gesellschaftsbaues thront, dort, wo der Fanatiker und Prophet stehen

müßte. Brauchte denn diese Katastrophe über die Welt hereinzu-
brechen, damit der wahre Kern dieser Zeit aufgedeckt werde? So
wie eine Lebenskrise dem Menschen plötzlich den wahren Charak-
ter seines Nächsten enthüllt? War's denn nicht jedem, der zu schau-
en wußte und der fühlte, im Innersten bewußt, daß diese Zeit ihrer
Auflösung entgegentriebe, da der Respekt des Menschen vor seinem Mitmenschen, dem Dasein, dem Lebensrecht, der Seele des
Mitmenschen auf solch tiefe Stufe gesunken war in dieser Zeit?

Einmal wird die heutige Menschheit vor den Richterstuhl der
Zukunft hinzutreten haben – aber sie wird nicht vom Druck der
verschlungenen Hände zusammengehalten sein, sondern die
Schuld wird die Genossen dieser Zeit mit Handschellen aneinan-
dergeschmiedet halten vor dem Angesicht der Geschichte!

Niemals gab es noch ein tieferes Grausen über einer Spanne Zeit,
als es über das Leben dieser heute Lebenden ausgeschüttet ist. Immer waren es drei, vier Generationen, deren Füße gleichzeitig, zwischen Aufgang und Niedergang der Sonne, an einem und demselben Tage über die Erde tanzten, liefen, wandelten und humpelten.
Und immer hat es Menschen gegeben, die von dem Bewußtsein wie
von einem jähen Schrecken überfallen würden: diese da um mich
herum sind ja meine Zeitgenossen! Der Zufall der Geburt hat mich
auf Gnade und Ungnade in ihre Mitte geschleudert! Diese da sind
meine Verbündeten, meine Freunde, zugleich meine Feinde, meine
Richter und meine Henker ...

Die Geschichte der Menschheit ist in Schichten geteilt wie der
Erdball. Jede einzelne hat ihre Farbe und Härte durch tellurische
Katastrophen des Erdinneren und des wandelbaren Himmelsge-
stirns erhalten. Aber sieh dir doch diese gegenwärtige Zeitepoche
an – dies verzweifelte Hintaumeln, Hinstürzen in den gemeinsamen
Untergang, dieses wilde Raufen und besessene Aufeinanderlos-
schlagen der geängsteten Horde der Zeitgenossen! Das Triumphge-
heul der Stärkeren und das stumm brechende Auge der Unterlie-
genden – wie sie hinaufdringen zum großen, schweigsamen, unbe-
griffenen Antlitz in der Höhe. Sieh die gezeichnete Schar, deren
Füße zwischen Sonnenaufgang und -untergang über die zerwühlte
Erde schwanken, in die Knie brechen bei jedem Schritt vorwärts.
Sieh den Untergang der Zeitgenossen, unsern Untergang!

Volk. Ein Volk. Alle Völker des Erdballs ein einziges Volk! O Aufschrei über der verdüsterten Welt! Was das Volk sei: hast du dir darüber jemals Gedanken gemacht, Bruder Daggmask? Ein Volk und das Volk, Völker und das Volk? In jungen Jahren, damals, als du noch Lust und Schmerz, Hoffnung und Wut zu empfinden vermochtest, bist du im Wald um Stockholm sicherlich einmal an einer Versammlung von Menschen vorübergegangen, hast den Redner auf dem Felsblock die Menge mit dem Worte:»Volk, o Volk!« anrufen gehört, bist dann wohl auch stehengeblieben und hast Zugehörigkeit zur Menschenmenge gefühlt, Gleichheit, Gemeinschaft. Was das Volk sei, hast du seither vielleicht vergessen. Dein Gewerbe, das letzte, verachtetste von allen ... Ach, ich kann es dir nicht verdenken, daß du dich nicht mehr entsinnen magst, was »Volk« zu bedeuten habe.

Ein Volk ist eine Gemeinschaft von Menschen, die dieselbe Sprache sprechen, sich daher verstehen; die dieselben klimatischen Bedingungen, Kälte und Wärme erdulden; deren Hautfarbe und Temperament ungefähr gleiche Tönung besitzt. Ein Volk kann aber auch eine Gemeinschaft von Menschen sein, die siebzig verschiedene Sprachen sprechen, arktischen Frost und tropische Hitze erdulden müssen; deren Landesgrenzen von vier Meeren eingefaßt sind; deren Haut alle Abschattungen zwischen Weiß und Schwarz aufweist und die allein ein buntes Fahnentuch zusammenhält, ein im Winde flatterndes Symbol, dessen wahre Bedeutung der ungeheuren Mehrzahl unter ihnen unbekannt bleibt; nur so viel wissen sie oder wurde ihnen gesagt, daß es sich leidlich leben läßt, dort, wo das bunte Tuch auf der Stange flattert.

Völker, die benachbart hausen und verschiedene Sprachen sprechen, müssen sich untereinander zu verständigen suchen. Durch Handbewegungen, wie die Taubstummen, wenn's anders nicht möglich ist. Am besten durch den Händedruck, die Urgebärde, das Zeichen dafür, daß man sich gegenseitig nichts tun wolle und daß man zu wissen begierig sei, welche Körperwärme der Nachbar habe. Die Nachbarn verständigen sich: bei dir wächst dies und das, was bei mir nicht wächst; bei mir wächst dies und das, was bei dir nicht wächst; wollen wir austauschen? Nachdem sie von ihrer Körperwärme Kenntnis erlangt und ihre Sprachen kennengelernt haben, lernen die Nachbarn die Beschaffenheit des Nachbarbodens kennen, dann die Beschaffenheit des Charakters des Nachbarn. Sie lernen hierdurch auch sich selber kennen, genauer als zuvor, ihr Leben reicher zu gestalten, sie lernen das gemeinsame Recht Aller auf die Erde und ihre Früchte kennen.

Indes, es gibt in jeder Volksgemeinschaft unter der großen Masse der Friedfertigen eine winzige, verschwindende Minderzahl Übeltäter und Narren, so wie sich in jeder Menschenseele unter den Trieben zur Rechtschaffenheit und Güte ein winziger Bruchteil von Bosheit und Zerstörungssucht vorfindet.

Jene verschwindende Minderzahl bringt es durch ihre Bosheit und Narretei zuwege, daß Schrecken und Verwirrung unter den Friedfertigen entfacht wird. Sie versteht sich sogar darauf, den unbewußten Drang der Friedfertigen zur Anbetung einer höheren Gewalt über den Blitzen und dem Donner – einen Drang, der aus dem Gefühl körperlicher Schwäche und dem Bedürfnis, sich zu unterwerfen, entsteht – für sich zu usurpieren. Sie täuscht den Volksgenossen ein geheimes Bündnis mit jener höheren Gewalt vor. Die Volksgenossen lassen sich übertölpeln und übertragen nun einen Teil ihrer Angst vor der Gewalt über den Blitzen und dem Donner auf jene Übeltäter und Narren. Alsbald stürzen sie auf ihr Geheiß mit geballten Fäusten auf das Nachbarvolk los, von dem sie doch in einem Händedruck alles hätten freiwillig empfangen können. Jetzt rauben sie auf einmal, was doch zu tauschen gewesen wäre und was sie ja in der Tat schon friedlich getauscht und besessen haben. Sie hassen nun den Nachbarn, der sich wehrt. Sie hassen ihn um ihrer klaffenden Wunden und um des Todes ihrer Väter, Brüder und Söhne willen, an dem sie doch selber schuld sind. Sie reden es jenen Übeltätern nach: wir lieben die Quadratmeilen unsres Wohngebietes so innig, daß uns diese Liebe die Pflicht auferlegt, die Quadratmeilen des Nachbarn zu unserm eigenen Wohngebiet hinzuzuschlagen. Und statt dem Bösewicht im eigenen Lande den Garaus zu machen, verkünden sie vor Gott ihr heiliges Recht darauf, den Friedfertigen wie den Übeltäter im Nachbarlande abzuschlachten.

Die Völker! Sie zogen in diesen jüngst verflossenen Wochen an dem Tisch des Komitees der Internationale hier in Stockholm vorüber und sprachen in Quadratmeilen von ihrem Recht! Das Volk aber ...

Über das Volk ist schwerer auszusagen als über die Völker. Ich wette, Bruder Daggmask, du erinnerst dich in der Tiefe deiner Seele noch an eine Gebärde des Mannes auf dem Felsblock: wie er seine Hand ausstreckte und rief: Hier ist das Proletariat – dort der Rest der Bevölkerung. Nachdem er so das Volk mit einem Hieb in die Luft in zwei Teile getrennt hatte, schrie er in den Wald hinaus:»Das Proletariat ist das Volk!«

Er war dabei vielleicht gar kein Demagog, der Mann auf dem Stein. Ihm hatte vielleicht nur das Recht und Unrecht des Menschengeschlechtes schon ein Stück seines Herzens weggebrannt.

Was ist denn das Volk? Wer gehört zum Volk? Aus welchen Elementen, Bestandteilen, Gliedern setzt sich das Gebilde Volk zusammen? Wie soll ich dir das erklären, du ehrlicher Bürger Stockholms? Jawohl, der lange, dürre Knabe, der dort unter dem Weidenbaum vorübergeht und dem du, ja sogar du, einen Blick der Verachtung zuwirfst, gehört zum Volk. Er trägt Sommer und Winter einen Smoking und drei silberne Sterne in der Krawatte sowie einen Strohhut mit einem Thermometer auf dem Kopf; aber, hörst du – das tut alles nichts zur Sache. Er gehört zum Volk, genausogut wie Sven Hedin, der drüben im Haus des Kohlenhändlers wohnt und der Stolz Schwedens genannt wird. Die drei betrunkenen Greise, die ich gestern vormittag vor der Rampe des Königlichen Schlosses sich im Straßenkot balgen sah, gehören zum Volk wie der König und die Königin oben im Schloß. Der Friedfertige, der Steuerzahler, der Übeltäter, der Säbelraßler, die im Parlament ganz rechts und ganz links und in der Mitte sitzen, der Präsident und der Saaldiener auch. Drosselbart, der nach jeder Hofequipage schielt, Prinz X., der auf den billigen Plätzen im Vorstadtkino zu sehen ist, auch. Zum Volk gehört ferner der Blutsauger, der in seiner Villa am Maelar sitzt und die Provinzen Rußlands, Schwedens und Deutschlands auszuhungern unternommen hat. Zum Volke auch er. Doch hier sind wir dem Feinde schon näher an den Leib gerückt. Und zuletzt gehört auch der Professor, der alles weiß, zum Volk, und der Heilige, der alles vergessen hat, auch.

Ja, auch der Heilige gehört zum Volk. Es gibt Heilige unter dem Volk, dem schweigenden, leidenden, eifernden und tobenden Volk. Verstreute Glieder der Heiligkeit fühle und erkenne ich im Volke. In diesem und jenem Individuum rein und innig, in geringen, versteckten Zügen, mitunter auch in unreiner Mischung mit heftigen und wilden Instinkten und Überzeugungen. Im Volke gibt es das, was Heiligkeit genannt werden darf. Und wenn etwas das Volk retten und erlösen wird, so wird es dies Heilige sein!

Nicht den Proletarier allein; den König, den Wucherer, den blutigen und den harmlosen Narren. Den Greis, das Kind, die Jungfrau und die Witwe. Alle, die die gleiche Sprache sprechen, und die, die einander nicht verstehen können. Die im fruchtbarsten Land des Sonnenscheins wohnen und die hart am Rand des Polarkreises zu Haus sind. Die Hellen und die Dunklen, die Gestorbenen und die noch Ungeborenen – ja, ja, die Gestorbenen, so ist es. Alle – nicht zuletzt den Heiligen selber, den, der am tiefsten leidet unter allen: daran, daß es zu erlösen gibt.

Möchte er doch hinter jener Tür, woher jetzt Gesang und Lachen tönt, aufstehen und das Wort sprechen, das ihm bekannt ist, uns aber nicht, auf das Alle warten, vor dessen ruhiger, wehmutsvoller Kraft das Getöse der Welt zur Ruhe kommen wird!

Im Musikpavillon spielen sie jetzt ein neues Stück. Auf meiner Bank haben sich neue Leute niedergelassen. Der Trompeter schmettert drüben:»Winterstürme wichen dem Wonnemond«, und neben mir sitzt ein Liebespaar. Sie sind jung. Sie essen Äpfel aus einer Tüte und schauen sich dazu in die Augen.

Daggmask hat sein Jagdrevier verlassen und ruht sich, ehe er auf einem andern Rasenstück Würmer pflückt, unter der Statue des großen Chemikers ein bißchen aus. Er hat das Pfeifchen schief zwischen die Zähne geklemmt, das Kinn in die Höhe gehoben; die Laterne, die hinten von seinen auf dem Rücken verschränkten Händen herunterbaumelt, schafft ihm eine Schleppe von Licht und malt einen hellen Kreis auf die Nelken im Beet.

17

Die beiden neben mir sehen und hören nur einander. Sie schmecken und riechen durch den Apfel hindurch nur ihre eigene Verliebtheit und nichts von der Welt. Diese da haben es nicht nötig, erlöst zu werden.

Nicht? Gewiß nicht?

Sage doch, Bruder, Hand aufs Herz: hast du geliebt? Gab es in deinem Leben einen Menschen, einen einzigen, den du in deiner Stube bei der Hand gefaßt hast, mit zartem Griff, während deine Rechte sich leise, wie zum Schwur in die Höhe hob? Zu dem deine stumme, geheimnisvoll beredte Seele leise das Wort gesprochen hat: o Liebste ...

O Liebste, reines Herz meiner Gefährtin, du Genoß der Herrlichkeit, dieses Lebens Leid teilen zu dürfen!

Darauf gib mir Antwort, Bruder Wurm, mein Bruder. Nennst du eine kleine Stube dein eigen, irgendwo in der felsigen Südvorstadt jenseits der Schleuse etwa, und wartet dort ein Mensch auf dich?

Eure Liebe kenne ich gut. Die saftige, stichhaltige, physiologische Ausrede auf den Willen der Natur, das Gebot der Sinne, die es bewirkt, daß in der Welt Menschen herumlaufen, sich tierisch benehmen dürfen, ohne des Ehrentitels Mensch verlustig zu gehen. Dieses Titels, den sie sich selbst gegeben haben und von dem heutigentages niemand mehr sagen kann, wieweit er sich von dem Schimpfwort: Tier, wildes Tier! unterscheide. Ich weiß es gut, für welche Lügen der Trieb, der gesättigt zu werden wünscht, herhalten muß; wie Rachsucht, Geilheit, die Rückkehr des Tieres zu seinem Unflat den heiligsten Trieb im Menschen beflecken und zu seinem Zerrbild erniedrigen. Verlangt dich denn nach Erlösung, wenn du, gereizt vom Alkohol, von der plötzlich über dich hereinbrechenden Erkenntnis der stupiden Härte deines Daseins schwer, müde und tückisch geworden, heimgehst und dein Gespons überfällst, um Steuerzahler und Kanonenfutter zu zeugen? Dich sollte nach Erlösung verlangen?!

Das Proletariat! Du bist so stolz auf dieses Wort, das aus der Zoologie stammt, daß du es sogar an Stelle des Wortes Volk gesetzt haben möchtest. Der Staat ist es, der sich mit all seiner Macht deiner guten, fetten physiologischen Lüge bemächtigt hat und sich ihrer bedient; der es dir zur Pflicht gemacht hat, deinen Stand nach Möglichkeit zu mehren, weil er gar nicht genug Individuen umfassen kann, um seine eigene Macht und die Macht des Kapitals zu stärken und zu befestigen. Was liegt denn dem Staate daran, ob dein Gefühl sich läutert oder ob du vertierst? Liegt ihm etwa daran, daß Erziehung und Aufklärung dem Menschen die Wahrheit vermittle: daß der Respekt vor dem Nächsten im Ehegemach beginnt? Ihm liegt an Steuerzahlern, die ihm seine Kanonen bezahlen, und an Kanonenfutter, das er vor die Mündung treiben kann.

Die Bürgerklasse lebt, stirbt und wird geboren im Schatten der Überlieferungen und Gebräuche, die aus der Eheschließung einen befristeten und mit Feierlichkeit in Szene gesetzten Notzuchtsakt machen. Das Proletariat dagegen mag und soll sich vermehren, so gut es kann. Vorurteile kosten Geld. Der Bürger sammelt Geld, um sich dafür möglichst viele Vorurteile kaufen zu können, die seinen Stand erhöhen. Je weniger Kinder er in die Welt setzt, um so enger bleibt sein Geld beisammen, um so fester wird der Stand. Das Proletariat hingegen kann auf der Not und Unsicherheit des Erwerbs keinen wohlehrbaren Hausstand gründen; es setzt Kinder in die Welt, ohne sich um seinen Stand zu scheren. Dem Staat ist das eine so recht wie das andre. Ihm ist das Geld des Bürgers ebenso willkommen wie die Brut des Proletariers. Der Steuereinnehmer wacht ebenso eifersüchtig darüber, daß die Vermögensangabe richtig sei, wie die Militärbehörde darüber wacht, daß ihr nicht ein einziger Soldat entwendet werde. Nicht erst vom Schrei des Geborenen ab – schon vom Augenblick der Empfängnis an steht das Individuum unter Polizeiaufsicht.

Der Machtinstinkt des Staates und die Sinnengier des unentwickelten Individuums, beide sind einander wert. Diese Parallele müßte die vernichtendste Kritik in sich bergen, die man an dem Staate üben könnte! Indes, du übst sie ja nicht, Bruder. Übtest du sie, dann wärst du eben kein »Proletarier« mehr; der Staat aber wäre ein Gebild höherer Art, als er es ist.

So geratet ihr immer tiefer in die Schuld der vererbenden Generationen, der untergehenden Menschheit, du und der Staat. Du durch deinen Trieb, dem du tierisch frönst, der Staat durch die Ausbeutung deines Triebes. Eines Tages wißt ihr dann beide nicht mehr weiter. Du greifst zur Flasche, weil du den Anblick deiner wimmelnden Brut nicht mehr erträgst, der Staat aber läßt sich das Maschinengewehr erfinden, weil er sich Luft schaffen muß.

So will es die Chemie der Organismen, alter Berzelius! Das Gewissen verlangt nach Betäubung, das Machtprinzip dürstet nach Krieg. Die Tüte meiner Nachbarn ist leer. Mit selig versponnenen Fingern sitzen sie auf der Bank und fühlen Gott weiß welche Entrückung in sich anschwellen.

Derweil pflügt Daggmask mit seinem grünen Laternenschein drüben ein frisches Rasenstück ab.

Hallo, Bruder, stelle deine Laterne für einen Augenblick aufs Gras. Sieh dir die beiden an, die dort vom Norrmalmstorg her durch die Allee kommen.

Seid ihr auch da? Von Herzen willkommen!! Es sind die Rebellen. – Stockholm hat sie angezogen. Jetzt sind sie hier. Ich wußte es ja, denn ihre Bilder standen in allen Zeitungen. Sieh doch, wie sie glühend aufeinander losreden, der graubärtige Mammut und das hinkende Männchen mit seinen langen Haaren um das vertrocknete Gesicht und den eingeschrumpften Schultern eines überfleißigen Schulknaben. Sieh die beiden Verzehrten: aus ihren Worten leuchtet der Feuerschein tiefer Eruptionen, ihre Gebärden fliegen auf wie ausgeworfenes glühendes Gestein. Gefängnis, Folter und Verbannung haben sie auf sich genommen und getragen manches Jahr. Menschenliebe, Menschheitsdienst hat sich vervielfacht in ihnen. Jetzt hat das große Rußland sie befreit. Am liebsten spränge ich auf von meiner Bank, eilte zu ihnen, fiele ihnen um den Hals, und alle, alle hier vor Berns müßten ein Gleiches tun – denn da gehen ja die Apostel vorüber, die Rebellen!

Ja, tu es mir doch gleich, Bruder, wirf deine Laterne hin, eilen wir von beiden Seiten auf sie zu, umarmen wir sie! Nur in dieser Gleichzeitigkeit hätte unsre Tat einen Sinn. Ich brauche dich dazu, Bruder, beeile dich, auf!

Wenn ich die Wahrheit sprechen sollte, müßte ich sagen: allein wäre ich dazu nicht imstande. Obzwar ja die beiden die Großen, die Ehrwürdigen sind. Die, die wir heute unter allen Lebenden am innigsten lieben müssen. Ich sehe, ich umwittere den überquellenden Menschenberg und den Lahmen, Vertrockneten an seiner Seite. Macht der Blick denn halt vor der Seele, wühlt er sich denn nicht durch die Materie durch, bis er auf Faßbares stößt, und ist denn dieses Faßbare beim Botmäßigen wie beim Rebellen etwas andres als das Körperliche? Als Blutzersetzung, Zirkulationsstörung, apoplektischer Andrang, Hemmung, Wassermannsche Reaktion? Ist es denn möglich, über die Freiheit des Individuums auszusagen, solange das primitive Grundgesetz der Natur unerforscht ist?

Ich weiß es gut, wie Auflehnung, Widerstand, Härte aus Weichheit und Liebe entstehen. Auch mein Trieb zur Ehrerbietung und zum Kult ist mir ja bis in seine Wurzeln bekannt. Ich weiß nur nicht, wo dabei der Anteil Gottes beginnt? Wieviel von Gott im Blute mitströmt, das zum Herzen will und das aus den Herzkammern wieder herausdrängt. Das ist es: wir wissen nicht genug über den Bestandteil: Gott in der Chemie des menschlichen Organismus, der Organismen. Du, alter Berzelius, und all die andern Materialisten, seid schuld daran, daß wir so bald auf die Materie stoßen, wenn wir der Seele auf den Grund gehen wollen. Wer von uns könnte diese Last des halben und des Dreiviertelwissens, das uns die Zeit aufgeladen hat, von sich abschütteln und seinen vollen Respekt, seinen Glauben und seine Ehrfurcht vor allem, was Mensch heißt, eintauschen dafür? Ein geringes Maß von Wissen führt uns weit fort von Gott, ein volles Maß führt uns zurück zu Gott, sagte Newton. Damit ist der Zivilisation das Urteil gesprochen.

In seiner Stube, die ihm eine Zuflucht vor dieser Welt der Zweifel und Schrecken ohne Zahl gewähren sollte, hängt sich der Mensch von heute eine Galerie sämtlicher Tugenden, die seinesgleichen zieren, an die Wände. Ich sehe diese Galerie an den Wänden des Menschen prangen. Das Bild des Rebellen trägt einen Kranz um den Rahmen. Aber auch dieses Bild ist, wie all die andern, eine Röntgenaufnahme.

Die Seele kennt ihre Tugend. Aber die Seele spricht auch: es gibt weder Gut noch Böse. Wer wagte es, stolz zu sein auf seine Tugend? Wer müßte zerknirscht sein um seiner Sündhaftigkeit willen? Der Tugendhafte neigt sich zum Sündigen, weil er weiß, daß der Sündige leidet; Sünde ist Unglück. Indem er den Sündigen zu rechtfertigen, zu erheben sucht, fühlt der Tugendhafte selber Zerknirschung um seines Friedens willen. Daß er solcher Gefühle fähig ist, macht ja gerade seine Tugend aus.

Rast und Unrast kreisen im Blute mit; Leichtigkeit und Schwere, Anteil an der Welt und Abgeschiedenheit sind Erbteil vom Vatersvater her. Klima und Boden erzeugen Milde und Schärfe, Genügsamkeit und Begierde. Der Druck oder das Streicheln der äußeren Verhältnisse, die auch Erbteil und Schicksal bedeuten, tönen die Seele mit Süße und Bitterkeit. Selten sind jene starken und selbstsicheren Seelen, die nicht gefälscht und verzerrt werden durch die Macht der äußeren Verhältnisse.

Die Seele des Rebellen aber ist das kostbarste Kleinod des Menschengeschlechtes. Denn die äußerste Not und das härteste Schicksal hat in ihr äußerste Milde, überschwengliche Liebe und grenzenloses Mitleid erweckt und erstarken lassen. Da pendelt die Waage der Welt. Schuld, Sünde, Leid drückt die eine Schale tief hinunter. Wie schwer ist die Waagschale belastet, die das Unglück der Menschheit faßt! Müssen wir jene Seltenen nicht grenzenlos lieben, die ihre Güte und Reinheit in die andre Waagschale werfen? Sie sind es, die das Unglück von der Welt heben, so daß es sich doch noch zur Not atmen läßt auf Erden.

Da sind sie vorbei, die beiden. Liebe deine Augen darum, Bruder, daß sie sie gesehen haben.

War es denn nicht die Unrast in meinem Blute, die mich hierhergetrieben hat, in diese Stadt, in der ich der beiden ansichtig wurde? Ich liebe meine Augen, die sie gesehen haben. Ihr Anblick hat mich gestärkt, um etwas besser und froher gemacht. Aber kann ich ihnen abbitten, was ich über das Blut des Rebellen aussagen mußte?

Einen darfst du hassen, Bruder: den, der vor dich hintritt und spricht: Der Mensch ist böse von Grund auf. Dieser ist schuld daran, daß die Welt so böse geworden ist, wie sie es ist. Die Welt ist nicht das Spiegelbild der Menschenseelen. Daß sie so trübe ist, daß ihr das unaufhörliche Opfer der Guten so not tut, das ist das Werk der Verleumder des Menschen.

Lasse dich in keinen Disput mit dem Verleumder des Menschen ein, Bruder. Kehr ihm den Rücken, sonst wirst du bald merken, daß er den Nutzen, du aber den Schaden von eurer Unterredung hast. Sieh, wie die Welt mit ihren Gütern, ihren irdischen Gütern, die hohen und die niedrigen Eigenschaften und Fähigkeiten des Menschen belohnt. Auf welche Weise der Lauf der Welt das Schicksal des Aufrechten und das Schicksal des Geduckten bestimmt!

Mit dem vollen Ausmaß ihrer Gnaden belohnt die Welt: die Eigenliebe, die Schlauheit, die Geschicklichkeit, sich auf Kosten des Nebenmenschen zu bereichern, sei es an Eigentum, sei's an Macht; den Spekulanten, den Usurpator, den Dieb. Ihren vollen, ungemessenen Zorn dagegen gießt die Welt über die kostbarste, hochheilige Kraft der Menschenseele aus, den Trieb, die Fähigkeit zum Träumen großer Träume.

Einen darfst du hassen, Bruder: den, der vor dich hintritt und spricht: Die Welt ist gerecht, die Gesetze, die ihren Lauf regieren, sind vom Willen des Ewigen diktiert!

Glaube nicht, Freund Daggmask, du seiest das elendste, von der Welt am weitesten verstoßene Geschöpf hier in der Stadt zwischen dem Maelar und der Salzsee. Deine Arbeit wird ja von der Welt noch anerkannt; sie hat einen Markt, wie man zu sagen pflegt; deine Arbeit ist keine brotlose zu nennen; für hundert Regenwürmer zahlt dir der Angler eine Krone, vielleicht zwei Kronen, das heißt soundso viel Pfund Brot. Aber der Künstler, der Dichter, das Genie, wie steht es um ihn?

Sieh, der politische Rebell sogar darf, wenn er es nicht verschmäht, in einem guten Hotel der Stadt wohnen. Die Welt gibt ihm, durch Vermittlung seiner Partei, die jetzt ans Ruder gekommen ist, den Lohn für seine Opferwilligkeit. Sie gab ihm schon immer so viel, wie er brauchte, um sein Rebellentum zu pflegen, den Aufruhr seiner Seele zu nähren durch die Zugänge des Körpers, damit der Aufruhr Kreise ziehe, immer weiteren Umkreis mit sich reiße, damit die Entbehrung seine Seele, die in die Welt gesetzt wurde, um den Aufruhr zu zeugen, nicht schwäche und untergrabe ...

Aber das Genie, der Träumer großer Träume des Jenseits, wie ist's mit dem bestellt?

Folge mir nach der Königinstraße, der geräuschvollsten Geschäftsstraße Stockholms, vor die Mietskaserne, in der der größte Mensch Schwedens gestorben ist, der Mann, dessen Geist von Linné über Berzelius bis zu Swedenborg reichte und sich über diese hinweg mit einem Schwunge emporgehoben hat, in Höhen, die nur wenige Menschen erreicht haben, seit die Welt besteht. Es ist noch keine Tafel an der Mietskaserne angebracht, in der August Strindberg gestorben ist. Aber es ist nicht die Scham, die das Volk der Schweden davon zurückhält, den Namen ihres Größten auf der Ziegelmauer einer Mietskaserne lesen zu müssen – er ist *noch nicht lange genug tot*, um eine Gedenktafel zu verdienen! Willst du die Dachkammer sehen, in der er starb? Es wird dir nicht schwerfallen, dir die Möbel und Bücher, die jetzt im Kellergewölbe des Nordischen Museums eingesperrt sind, in den engen Raum hineinzudenken, zu dem der Lärm der Straße Tag und Nacht hinaufdringt. (Du mußt die Erlaubnis zum Eintritt in die Dachkammer, zum Eintritt in das Kellergelaß erst einholen, das versteht sich. In der Kammer wohnt gegenwärtig ein reklamesüchtiger Blaustrumpf, den Schlüssel zum Museumskeller verwahrt die hochnäsige Sekretärin der königlichen Sammlungen. Strindbergs irdisches Andenken ist, wie du siehst, gut aufgehoben.)

Komm mit zum »blauen Turm« hinauf. Du schlägst dir die Knöchel an den Wänden blutig, wenn du die Arme in der Geste des Gekreuzigten auseinanderwirfst – so enge ist Strindbergs Kammer. Setze dich an seinen armseligen Schreibtisch und belächle die Pietät, mit der des Dichters letzter Zigarrenstummel im Aschenbecher aufbewahrt, mittels eines Stückes Draht an die Tischplatte befestigt ist! Sieh an der Wand das Telephonregister, aus dem mit scharfer Feder ein Name nach dem andern ausgestrichen wurde. Besichtige im Flur den Briefkasten, durch dessen Spalt der alte bittere Dichter den Ankömmling musterte, eh er sich entschloß, die Kette von der Tür herunterzunehmen. Dies alles mußt du dir genau ansehen,

Bruder Daggmask, sobald die Regenwurmzeit um ist und du dich für die Wintermonate ins Privatleben zurückziehst.

Sage nicht: die Welt habe sich an Strindberg gerächt, weil er sie nicht geliebt hat. Freund, ich spreche in populären Worten und Begriffen zu dir, aber deshalb brauchst du doch nicht gedankenlos nachzuplappern, was du von Krethi und Plethi um dich aufschnappst. Merke es dir: kein Mensch haßt die Welt, den die Welt nicht haßt. Und die Welt war früher da als der erste Mensch. Die Welt hat die Pflicht, verstehst du mich, die Pflicht, an dem Menschen gutzumachen, was die Natur an ihm gesündigt hat! Wie sie das könne? Nun, zuvorderst dadurch, daß sie ihn leben läßt. Daß sie ihm die Möglichkeit schafft, zu essen, zu trinken, sein Haupt irgendwohin zu legen. Aber sie tut das mitnichten, die Welt der Menschen. Sie läßt ihn, der höher, empfindlicher, feiner organisiert ist, diese Anlage durch Strafe vergelten. Folge dem Leben des Großen, Bitteren, vom »Sohn der Magd« über die »Torenbeichte« bis ans Ende. Sieh, welch tiefen Blick des Dankes und der Liebe er für alle die Erscheinungen der Meinen Welt seines Vaterlandes bewahrt hat, welche Hingabe er an die unermeßliche Welt der Träume betätigt! Wahrhaftig, Linné und Swedenborg in derselben Person. Und welche Verzweiflung an der menschlichen Gesellschaft, dem reißenden Tier, dessen liebster Fraß das zuckende Herz des Dichters ist!

Wie müßte, wollte er Gleiches mit Gleichem vergelten, der Dichter, der Künstler, das Genie triumphieren angesichts des Zusammenbruchs dieser Welt und ihrer Ordnung im heutigen Krieg! Dieser Welt, deren verstoßenes Kind, mißhandeltstes Geschöpf er ist. Wie müßte er, mit welchem Blick dem Strafgericht über diese im Kern verrottete Zivilisation, dem Kataklysmus dieser Gesellschaft zusehen! Aber nirgends tönt sein Triumphschrei über die Massen und die Ruinen empor. In der Stille schwillt sein Weh über das Schicksal der Welt zum Tränenstrom an.

Dieser Strom allein wird die Äcker der Zukunft befruchten.

Wie kann das heillose Unglück der Welt an der Wurzel gepackt, von Grund auf ausgerissen werden?

Die Menschheit ist krank. Sie windet sich in höllisch böser Besessenheit auf ihrem Lager und erbricht Ströme Bluts.

Um die Barmherzigkeit – was ist aus den Menschen geworden? Wie unglücklich sie sind. Wie weh sie sich tun.

Faust gegen Faust! Seele gegen Seele! Gemeinschaft gegen Gemeinschaft! Die Menschheit kämpft gegen ihren Schöpfer!

Hast du je in tiefer Nacht, in tiefster Verfinsterung aus deinem wunden Herzen den Klageruf ausgestoßen: Unrecht! Unrecht geschieht mir! Warum? – Jetzt sieh zu: es ist das allgemeine Schicksal.

Verging dein Leben damit, daß du fremde Sünden aus eigener Kraft an deinem Leben gutmachen mußtest? Die ganze Menschheit hat heute dieselbe Aufgabe.

Und immer, immer tiefer wälzt sich das Gewühl in die Sackgasse hinein. Eckiges, türen- und fensterloses Gemäuer starrt ringsum, wankt nicht vom Anprall. In der Höhe donnert es derweil, wie berstendes, zusammenkrachendes, riesenhaftes Domgewölbe.

Was geschähe, stände hier im Saal einer vom grünen Tisch auf und riefe mit erhobener Stimme das: Sesam öffne dich! – das hohe heilige Wort

»Freiheit«

in den Saal hinaus? Käme da nicht aus allen Ecken des Saales, wie dann sogleich aus allen Schichten, Fugen und Winkeln der auseinandergefallenen menschlichen Gesellschaft dort draußen das Echo gerollt:

»Macht!!«

O heiliges Wort: Freiheit! Und oh, die Ruchlosigkeit dieses Begriffes: Macht! –

»Die Menschen bauen sich eine so schreckliche Maschinerie der Macht auf, überlassen es dem ersten besten, sich dieser Macht zu bemächtigen (alle Chancen aber sind dafür, daß sich ihrer der sittlich verkommenste Mensch bemächtigen wird), und unterwerfen sich sklavisch und wundern sich, daß sie es so schlecht haben ... Sorgfältig fesseln sie sich so, daß ein Mensch mit ihnen machen könne, was er wolle; dann werfen sie das Ende des Strickes, mit dem sie sich gefesselt haben, hin und überlassen es dem ersten besten Schuft oder Narren, es zu ergreifen und mit ihnen nach seinem Belieben zu handeln.«

(Tolstoi)

Tolstois Machthaber ist schon, ehe er noch das Ende des Strickes mit den gespreizten Fingern aufgefangen hat, Schuft und Narr gewesen. Wie verhält es sich aber mit dem Ehrenmann, dem Reinen, Guten, dem plötzlich die Macht über seine Mitmenschen zufällt? Wird er nicht gefälscht, korrumpiert, zum Schuft und Narren gemacht durch die Macht?

Die Macht, der Trieb zur Macht ist es, der aus dem Menschen herausgerissen werden muß, soll das Leid verstummen in der Welt. Dort drin im Saal wird das Proletariat aufstehen. Hundert Männer werden aufstehen von ihren Plätzen und aus bewegter Brust ein Hoch auf die Macht ausbringen, die ihren ersten entscheidenden Schritt vom Königspalast und der Geheimkammer der Diplomaten zu Berns herüber getan hat.

Du, Bruder Daggmask, hast über das Problem der Macht vermutlich nicht weiter nachgedacht als bis zum nächsten Schutzmann und zum Regenwurm-Großhändler, der dir deine Beute zum alten Preis abkauft oder, unter dem Druck der Konjunktur, wahrscheinlich aber aus eigener Willkür, zu einem neuen Preis, einem beträchtlich schlechteren Preis. Zu lange würde es währen, wollte ich dich über den Willen zur Macht belehren. Zu viele Regenwürmer würden im Boden bleiben, wolltest du mir zuhören.

Hast du Prügel bekommen in deiner Jugend? Vermutlich ja. Prügelst du deinen Jungen daheim? Ich fürchte: ja. Du prügelst ihn, weil du geprügelt wurdest. Als man dich prügelte, geschah es, weil du der Schwächere warst. Jetzt bist du der Stärkere. So irgendwie verhält es sich mit der Macht. (In deinem Berufe hast du keine Un-

tergebenen, die du deine Macht spüren lassen könntest; es bleibt dir
also bloß das Kind, daher das Exempel.)

Sprach der Mann auf dem Felsblock von anderm als von der
Macht? Daß sie jenem wegzunehmen und diesem auszufolgen sei?
Würdest du, flöge durch irgendein Tausendundeinenacht-Wunder
das Seilende in diesem Augenblick dir zu, es nicht erfassen, morgen
einen Harem, ein Märchenschloß mit einem Keller voll Punsch,
Sklaven und organisierte Arbeiter haben, die für dich nach Regenwürmern und Gold grüben, ein stehendes Heer von Soldaten, das
sich für deine Herrlichkeit jeden Augenblick vor die Maschinengewehre jagen ließe? Hand aufs Herz, Bruder: würdest du das Seilende behalten oder es mit gespreizten Fingern weit von dir stoßen?

– Auf den Zweck, ja, auf den Zweck allein kommt es an!

So? Die größten Tyrannen und Massenhenker behaupteten dasselbe. Es handelt sich aber allein um den Trieb! Hörst du? Laß dir's
gesagt sein. Komm mir nicht mit Finten. Um das Herz des Menschen, das der Trieb fälscht und das dem Trieb zur Macht wider-
streben muß, um der Freiheit, der heiligen, willen! Um das Herz
allein handelt es sich.

Hand aufs Herz, Bruder, wie schon so oft an diesem Abend:
fühlst du die Begierde nach der Macht in dir? Ja oder nein!» *und
du?*«

Und du. – Ich war auf diese Frage gefaßt, Bruder. Es gibt Fragen,
die wir Menschen nicht mit andern Worten zu beantworten wissen
als mit diesen:»Und du?«

Ich weiß es nicht. Nie habe ich das Ende des Seils, wenn an diesem Seile auch nur ein einziges Menschenschicksal hing, zwischen
meinen Fingern gehalten. Wohl hörte ich den Vorbeiflug nah an
meinem Ohr, sah aber in demselben Augenblick nach weiß Gott
was in die Höhe und dachte erst viel später: es hätte die Macht oder
das Glück, oder was wir Menschen so nennen, sein können! Ich
weiß also auf deine Frage weder mit einem Ja noch mit einem Nein
zu antworten. Das eine aber weiß ich: ich kann fremde Macht über
mich, über meine persönliche Freiheit, mein Recht auf meine An-
schauungen, mein seelisches und körperliches Bewegungsbedürf-

nis, das unverbrüchliche Gesetz in mir nicht gut ertragen. Nein, nicht ertragen. Sie verletzt, empört mich, ich wehre mich gegen sie, schlage um mich, wenn sie zu nah an mich herankommt. – Also werde ich wahrscheinlich selber den Trieb zur Macht in mir tragen. –

Von Kind auf war der Trotz ein Bestandteil meiner Natur. Keinen Zwang leiden! In keiner Form Zwang erdulden müssen! In Kindern harter Mütter entwickelt sich solch trotziger Geist. In Kindern, die mütterliche Liebe entbehren, entwickelt die Natur ihn frühzeitig – wenn die Absicht nicht besteht, daß der junge, heranwachsende Mensch schon in früher Jugend zerbreche. Manche werden dann Sozialisten; ich habe welche gekannt. In glücklicheren Menschen mag das Leben schon frühzeitig die Freude an den Erscheinungen, den Verknüpfungen der äußeren Welt entwickeln und zugleich den Willen, an ihnen teilzuhaben, sie zu genießen. In jenen trotzig verschlossenen, glücklosen aber entwickelt die Intelligenz Gesellschaftskritik, Menschenerkenntnis, eine Anschauung der Welt aus dem Abstand; es bäumt sich in ihnen der Widerwillen gegen jede Einmengung in ihre äußeren und inneren Angelegenheiten auf, Abwehr und Auflehnung. Damit verstärkt sich natürlich der Widerstand der feindlichen Kräfte gegen ihre Unabhängigkeit; bald müssen sie alle Kräfte ihrer Seele zusammenraffen, um dem Ansturm gegen ihre Existenz, die Bedingungen ihres inneren und äußeren Daseins gewachsen zu sein.

Moralbegriffe, Modeanschauungen, Vorurteile, Dogma, Kodex, Aberglaube, materialistische und idealistische Weltauffassung und Geschichtsauffassung, prästabilierte Harmonie, philosophische Systeme, Klassizität und Fortschritt – Willkür, Einmengung und Zwang! Wünschten sie es denn: gerettet zu werden? Vermutlich: nein! Nicht durch Kongresse, nicht durch den Rebellen, nicht durch den Heiligen. Nein, durch niemand erlöst werden, auch durch den Heiligen nicht! So ist es.

Zu Hause in Berlin habe ich ein Tagebuch in meinem Schreibtisch. Ich habe es zu schreiben angefangen, als ich noch in den unteren Klassen des Gymnasiums saß. Jahrzehntelang habe ich es dann geführt; in Zeiten, in denen ich vieles von außen her erlebt habe, floß die Tinte spärlich, in den Zeiten, da ich von außen nichts erlebt habe, um so reichlicher. Von der ersten Seite an wiederholt sich der Schrei: Keiner hat das Recht, keiner!

In dem Tagebuch stehen viele Sätze, Worte, Gedankenfolgen aus Büchern, die ich im Laufe der Jahre gelesen habe, aufgezeichnet. Durch alle schwingt derselbe Ton: das Recht auf das eigene Leben; keinen Zwang erdulden; niemand hat das Recht, niemand! Um das dreiundzwanzigste Jahr habe ich auf einer Seite, allein, diesen Vers Diderots stehen:

»La nature n'a fait ni serviteurs, ni maîtres,
Je ne veux ni donner, ni recevoir des lois.«

Nach dieser Seite beginnt ein neuer Abschnitt in dem Buch.

In jungen Jahren liegt die Betonung natürlich auf den Worten »serviteurs« und »recevoir«; in späteren auf: »maîtres« und »donner«. Das ganze Leben hindurch aber darf einem dieser wunderbare Spruch ins Herz eingegraben bleiben. Jede Silbe ihren Klang behalten. –

Befolge doch das Gebot, das in dem Satze Diderots eingeschlossen ist. Versuche es zu befolgen. Sei ehrerbietig gegen den Bescheidenen, selbstbewußt, aber freundlich gegen den Hochmütigen; lerne gerecht gegen jedermann sein, Unterschiede unter Menschen schließlich gar nicht mehr zu beachten oder wahrzunehmen – und sieh dann zu, wie es dir unter den Menschen ergehen wird!

Hinter deinem Gefühl wittern sie Schwäche! Fremdes Selbstbewußtsein, auf ruhige, freundliche Art zur Schau getragen, gilt ihnen als Anmaßung und Beeinträchtigung ihres eigenen Wertes. Indes, sie wollen zugleich doch, daß man ihnen imponiere! Auf irgendeine geheimnisvolle Weise bestärkt es sie in dem Bewußtsein ihrer eigenen Bedeutung, wenn einer vor sie hintritt, der ihnen imponieren will und ihnen imponiert. Ihr Machttrieb verschiebt sich unaufhörlich, von der stets wachen Erinnerung an überkommene Maßstäbe, Vorurteile, Dogmen genährt und gestachelt. Ewig wechselt die Distanz zwischen ihnen und dem Mitmenschen, zwischen dem Menschen und dem Menschen.

Es soll Länder geben, nein, es gibt Länder, Gesellschaftsschichten, Menschenkreise, in denen das Wort »Gleichheit«, das Wort »Bruder« Geltung hat und Inbegriff ist. Ist? Vielleicht auch dort nur mehr: war. Küsten, Himmelsstriche, Seelengemeinschaften, einst im Flug berührt und nach kurzer Rast wieder verlassen. Die Flut, das Blutgewitter ist jetzt auch über sie weggegangen, und die Verwüstung wird offenbar werden.

Unter allen Erlebnissen bleibt dieses das trübste: den Schmerz und die Beschämung über das eigene Versagen erleiden zu müssen. Was will dagegen die Erkenntnis bedeuten: daß andere niedrig und überheblich, ungerecht und schadenfroh handeln? Du selber erlebst Augenblicke, in denen jener heilige Spruch in dir ganz erloschen zu sein scheint und du die Herrschaft über dein Ich plötzlich verloren hast. Du sinkst hinunter, hinüber in das Gemeine des Triebes, läßt ihm die Zügel schießen und erlebst alle Sünde, die aus dem Trieb zur Macht stammt.

Wie oft sind Augenblicke dieser Art in deinem Leben wiedergekehrt...

Nicht befehlen, nicht gehorchen. Und doch: habe ich mich nicht zeit meines Lebens nach Unterordnung und Disziplin gesehnt? Mein ganzer Trotz und meine ganze Auflehnung, von Kind auf, war sicherlich im Grunde nur die Sehnsucht danach: gehorchen, aus ganzem Herzen dienen zu dürfen.

Heute weiß ich es genau: der Aufruhr so vieler ist darin beschlossen: sie möchten einem Herrn gehorchen, *dem* Herrn, der da wahrhaftig Bruder genannt ist! –

Oft halte ich im Umhergehen inne, bleibe zwischen meinen vier Wänden stehen, wie festgewurzelt, beiße mir in die Faust, um nicht aufzuschreien: ein Menschenaugenpaar in ferner Zukunft, Aug' in Auge! Ein Lebensaugenblick der Ferne, ineinandergeschmolzen mit einem verrauschten, so lange her. Und nichts ist vergeblich gewesen. Hartes und Schlimmes ist nicht vergeblich erduldet worden. Da überströmt mich plötzlich das heiße Gefühl der Liebe zu den Menschen, um dieses einen, zukünftigen Augenpaares willen. So heiß und stark, um dieses einen, noch ungeborenen Augenpaares willen. Das eingedämmte, eingeengte Gefühl schafft sich Luft in einem Aufschrei: Allen gut sein, Allen helfen, zu Allen sprechen!

Darf ein Mensch, der mit Rebellensinn zur Welt kam, an Einordnung, Unterwerfung nicht denken mag, sich von solchem Verlangen beherrschen lassen? Gerade dieser muß es. Welche Handhabe aber, welches Mittel steht ihm zu Gebote, will er seinem Drang folgen, Allen helfen, zu Allen sprechen? In solchen Augenblicken denkt mancher an die Presse. Millionen erreicht die Zeitung jeden Morgen. In der magnetischen Luft des Morgens vermag sich ein Wille, Zug und Impuls Millionen mitzuteilen. Millionen können Kraft und Glauben aus dem Gefühl eines einzelnen schöpfen, reicht seine Stimme nur hin, um die Inbrunst, die in ihm wohnt, auszudrücken.

Beim bloßen Nennen des Wortes: Zeitung flammt der Haß und Ekel der Feinfühligen auf. Ja, die Stimme, auf die kommt es an! Nicht auf die Inbrunst, nicht auf den Geist, der durch die Stimme zum Munde hinausführt, du liebe Zeit! (Auch du, Freund, der du doch gar nicht zu den Feinfühligen gehörst, hast gewiß selber schon dein Vorstadtblättchen mit zorniger Hand in die Ecke geworfen und dich verflucht, weil du lesen, andre aber, weil sie schreiben gelernt haben!) Wer wüßte es denn nicht, auf welchen Instinkten, Gelüsten, Leidenschaften das Haus der Presse aufgebaut ist? Dieses Haus, das die Feinfühligen verrufen nennen und um das so mancher Menschenfreund, so mancher Hoffende, Liebende verzweifelt und in weitem Bogen herumgeht!

Ja, in dem Getöse, das von dem verrufenen Orte ausgeht, sind die Stimmen der Machtgier, die Schlagworte der Eitelkeit, das Marktgeschrei von Lüge und giftigem Aberglauben, das die unwissende Menge zu betäuben und zu betölpeln sucht, deutlich zu unterscheiden. Aber das Haus ragt höher als der höchste Kirchturm, und aller Augen ruhen auf dem, der dort oben steht. Seine Stimme kann über die Köpfe der Menge hinwegstreichen. Er darf, wenn er will, unbeirrt in die Ferne blicken, die er mit offenem Aug' vor sich sieht. Sein Ziel kann er ferne, an einem Punkt des geistigen Horizontes erblicken. Es ist ja nicht nötig, daß einer, der zur Menge spricht, auf wagrechtem Plan mit ihr dastehe. Ja, wenn er höher als sie steht, wird seine Stimme ihr Ohr noch sicherer erreichen. Es mag sein, daß, während er spricht, die Menge aufhorcht und das Getöse der Macht, Habsucht, List, alle die Stimmen, die mitten in die Menge

hineinbrüllen, vergessen sind. Wer das Gute will und auszusprechen vorhat, läßt sich von dem Zorn und Abscheu derer, die sich zu
gut dünken zu solchem Beginnen, nicht beirren; er vertraut seinem
Gefühl und stählt seine Stimme, um von der Menge gehört zu werden.

Ist es denn an der Zeit, daß der Menschenfreund, der Liebende,
Hoffende sein Wort an wenige Auserwählte richte? Und wer sind
denn diese Auserwählten? Die Menschen etwa, die Bücher lesen?
Oder das Publikum der Theater?

Gib dich den Massen preis, wenn du etwas zu sagen hast. Oder
stehe im Schweigen abseits und verantworte es vor deinem Gewissen.

Was sind die Elemente dieses Triebes: fortzugehen von Allen?
Die Enttäuschung, die wiederholte Erfahrung, Erkenntnis der Ver-
geblichkeit allen Wollens, Schwäche, der Sündenfall des Christen,
der sich von der Gemeinde absondert, Hochmut; ja, sicherlich mehr
Hochmut als Mangel an Selbstvertrauen.

Der Mensch entdeckt das Ewige in seiner Natur. Es ist dasselbe
Ewige, das ihn mit Schaudern und Demut erfüllt beim Anblick und
Verstehen der ihn umgebenden unwandelbaren Dinge. Er fühlt sich
in entscheidenden Sekunden über alle Zeitgenossenschaft aufwärts
gehoben. Seine hohen Augenblicke gewinnen Raum in ihm. Er
fühlt: seine Heimat ist nicht hier. Er fühlt sich reif, in eine andre
Gemeinschaft aufgenommen zu werden, als die es ist, der er bisher
angehört hat.

Und was ist dieser Trieb: in der Natur zu leben? Die Hütte am
Berghang, das Tal so weit vor dem Blick ausgebreitet, die wunderbaren Wolken kommen und ziehen. Der Wind, der sie treibt, ist
mitsamt dem Vogellaut, dem fernen Wasserrauschen die Musik, die
ans Ohr schlägt. Wo sind die Stimmen der Menschen geblieben? Es
ist dieselbe Musik, die das Blut im Kreise laufend durch die Herzkammern und Adern des Körpers macht. – Blätterfall, Schneedecke
und aufbrechende Knospe. Ein kleines Feld vor der Hütte, im
Schweiße des Angesichts bestellt. Die Müdigkeit des Körpers, die
alle Sünden der Seele sühnt!

Sieh da: eine alte Erinnerung, ein Knabentraum. Vielleicht wäre das Leben glücklicher gewesen, hätte man mir jenen Geburtstagswunsch erfüllt; ich äußerte ihn, als ich zwölf Jahre alt geworden war. Ich wünschte mir eine Drechselbank, einen Lederschurz, ein paar Holzklötze, ein Buch mit Vorlagen. In allen möglichen Museen, Cluny, British, Metropolitan, im Bayrischen Nationalmuseum, überall habe ich seither diese herrlichen kleinen Kunstwerke der Drechselkunst, Stäbe und Kugeln, kleine Kegelgebilde in runden Gehäusen, aus Hörn, Ebenholz, Birnenholz und Elfenbein geschnitzt, bestaunt und bewundert. Jenen Wunsch aus der Knabenzeit hatte ich dabei vollständig vergessen. Jetzt steigt er wieder, stark wie eine Sehnsucht, in mir auf. Ich möchte gern den Schurz umbinden, es den alten bedächtigen Meistern gleichtun in dieser zierlichen und tiefsinnigen Kunst. Ich nenne sie mit Fug tiefsinnig, weil sie das Schwergewicht aufzuheben, zu verlegen vermag, wenn sie mit Verstand und Erfindungsgabe gehandhabt wird.

Welch eine wohltuende, gesunde körperliche Betätigung wäre dies Handwerk gewesen. Das Gehirn wäre zur Ruhe gekommen, hätte sein Gleichgewicht in der Hände Arbeit gewonnen. Die Schwerkraft wäre verlegt worden und damit die Kunst des Lebens vielleicht gerettet gewesen. Vom Handwerksgerät läßt es sich wahrscheinlich besser lernen, was Arbeiter und Volk sind, als aus Büchern, die man liest und fortlegt. Was war es doch nur, was sich zwischen jenen Wunsch aus der Knabenzeit und das Leben gedrängt hat, daß ich diesen Kindheitstraum so gründlich vergessen konnte?

Ich weiß es schon. Ich war das Kind von Bürgersleuten. Ich bekam die Drechselbank nicht, denn mein Wunsch war ein Sonderlingswunsch, und die Eltern hätten nie darein gewilligt, daß ich mit zwölf Jahren in den Ruf eines Sonderlings komme. Wäre die »Bank« ein Spielzeug gewesen, ich hätte sie wohl geschenkt bekommen. Es war aber eine richtige Drechselbank, die ich mir gewünscht hatte, und wir waren doch keine Handwerker! Ich teilte die Vergnügungen der Kinder meiner Kaste: Schlittschuhlaufen, Tanzstunde, Theaterspielen, tat bei allem mit, was die Kinder meiner Kaste taten. Ich war nicht stark genug, um mit der Drechselbank Ernst zu machen. Ich gehörte zur Kaste der Gutgekleideten.

(Jetzt entsinne ich mich: ich bekam einen Laubsägeapparat geschenkt; das war ein Spielzeug, man konnte den Apparat an dem Tisch festschrauben.) Später durfte ich mir in mein Schriftstellerzimmer stellen, was ich wollte. Aber, hätte ich mich an meinen Knabentraum erinnert, die Drechselbank wäre mir zwischen Bücherschrank und Schreibtisch doch als ein Poserequisit vorgekommen. Nein, der Instinkt war nicht stark genug. Einst, als noch alle gebrochenen Gefühle und Wünsche nach Willkür spielen durften im unsteten Herzen; als noch nicht alles so bitter ernst war, wie es nun geworden ist.

Ja, der Heilige wird das Volk erlösen. Und er wird aus der Tiefe des Volkes kommen. Aber seine Zeit ist wohl noch nicht da. Vielleicht ist er noch nicht so hoch emporgewachsen, daß seine Stirne den Berührungspunkt mit dem Göttlichen gefunden hat. Vielleicht klebt der Unrat dieser Welt zu zäh an seinen Füßen fest, und er kann sich aus diesem Schmutz und Jammer nicht erheben zum Licht. Aber – hab ich ihn dir nicht vor Minuten erst gezeigt? Eben ging er ja dort draußen vorüber? Erinnerst du dich nicht? Der Mann mit dem struppigen Bart, dem schlechten, fleckigen Anzug, den klaffenden Schuhen, dem hellen Herzensblick in seinen Augen – der »Bettlermillionär« aus Chikago!

Ja, der hat etwas von der Heiligkeit in sich, die im Volk verborgen ist. Der hat vielleicht das Zeug zum Heiligen in sich. Er läßt sich nicht unterkriegen. Er glaubt.

Er tritt vor die Menschen hin und spricht wie ein Kind zu ihnen. Sie lächeln, schämen sich ein wenig, wohl darüber, daß sie ihm zuhören, aber auch mit der Scham, die man unberechtigterweise für einen empfindet, der sich dessen gar nicht bewußt ist – daß er sich eigentlich selber schämen müßte. Sieh: er lächelt, spricht, nickt zu seiner Rede, schweigt und redet dann weiter, wie ein Kind. Er sagt zum Beispiel: »Seht, ihr Menschen, die große Revolution in Rußland, ist die nicht schön? Dort im Osten brauchen sie kein Gesetz mehr, sie haben sich ja das Gesetz selber gegeben. Auf den Straßen umarmen sich die Leute. Die Polizei ist ganz abgeschafft. Die Reichen haben ihre Paläste geöffnet, in den Türen stehen sie und verteilen ihr Hab und Gut Freude darüber, daß die Revolution Rußland befreit hat. Denn das Geld gilt nichts mehr. Nur die Freiheit gilt. Den Zaren haben sie nach Sibirien geschickt, haha, der Bursche soll mal sehen, wie kalt es dort ist! Und man wird schon dafür sorgen, daß er das Arbeiten erlerne. Es wird ihm ganz gut bekommen, haha!«

Aber die Zuhörer sitzen da und schämen sich. Denn sie wissen, daß heute, August neunzehnhundertsiebzehn, in Rußland geschossen, geraubt und gemordet wird; und was den Zaren anbelangt, so hat es mit dem Arbeiten seine gute Weile. Die Zuhörer sitzen da und schämen sich. Sie würden sich vermutlich nicht schämen, löge der da die Wahrheit nach der schlechten Seite um. Sie schämen sich, weil er sie nach der guten Seite umlügt.

Aber das alles ist nicht wichtig. Wichtig ist, daß dieser sonderbare Heilige und kindliche Mensch selber ein Reicher ist und vom Ertrage seines Geldes lebt. Von Fabriken in Amerika. (Du weißt, Freund, was Fabrikarbeit in Amerika heißt!) Und daß die Menschen seine geistige Armut – so nennen sie seine Heiligkeit – ausnutzen, weil er reich ist. Das ist das Wichtige: daß das Heilige in diesem Menschen gefälscht und die Welt dadurch ärmer wird und nicht erlöst werden kann.

Unter den Armen muß der Heilige aufstehen. Der Heilige muß ein Armer sein. Sonst wird die Welt nicht mehr erlöst werden.

Ja – oft steigert sich die Sehnsucht nach dem Heiligen in mir zu einem Schmerz, den ich dir nicht beschreiben könnte, Bruder. Eine Wunde brennt da weh. Der Gedanke, der immer wieder an dieselbe Stelle zurückkehrt, läßt sie nicht heilen. Sie bricht auf, fängt zu schwären an, mit dem leisen, hallenden Schrei zu schreien, den nur der Körper hört und empfindet: Wann endlich, wann?

Man kann den Heiligen nicht anders erwarten, als indem man sein eigenes Leben zu heiligen trachtet. Wo soll man da anfangen? Alle Instinkte sind ja profaniert, besudelt, vergiftet. Das ist leicht gesagt: wirf deine Habe und alles Hemmende über Bord, trachte aus deinem Leben alles auszumerzen, was den Gedanken von der einen Sehnsucht ablenken kann, von der einen Erwartung. Aber es gibt Mittel und Wege, die der Schwache versuchen kann und die ihn auf die richtige Fährte lenken werden. Mein Blick schon, der über die unnützen Gegenstände in meinem Zimmer fährt, über alles, was Tand, Luxus, Komfort bedeutet, sichtet, entwertet, verwirft; mein Blick hilft mir vorwärts. Gebe ich ihm nur statt, so werde ich leichter den Brennpunkt erblicken können: die große Not der Bedürftigsten, in der sich das Heilige verborgen hält.

Der auf dem Berge liegt, die Stirn in Steinen vergraben, den Mund voll Sand und Tränen, Gott! Gott! schreit – was meint er damit, wenn nicht die Not, die Armut der Andern, die ihn brennt? Den Trieb, in vollem Maße teilzuhaben an dem Schicksal der Letzten, die Angst, ausgestoßen zu sein in der entscheidenden Stunde?

Ihr, ihr Schüchternen, Unbeholfenen, Lächerlichen, ihr Verachteten, Duldenden, Zertretenen, die ihr glaubt lächeln zu müssen vor Befangenheit und Selbstentschuldigung, wenn ihr angeredet werdet! Ihr, die ihr euch scheu in den Hintergrund des Lebens gedrängt haltet, nur vortreten wollt, um für jemand zu zeugen, einzustehen, euch zu opfern – in der entscheidenden Stunde werdet ihr die Erhöhten sein!

Man müßte es so weit bringen können, daß man das Leid stark genug herbeizuwünschen vermöchte! Der Stachel sollte sich immer tiefer und schärfer ins Fleisch bohren. Daß man zum Übermaß nicht mehr und nie spräche: nun ist's genug, werde schwächer, laß ab von mir!

Ein weiter Weg von der Wahrnehmung und dem Protest gegen das Überflüssige, den Luxus und Komfort in unsrer nächsten Umgebung! Aber nur, wer in der letzten, verfallenen Hütte am Rand der Stadt haust, wird den Mann mit Stab und Sack herankommen sehen.

Zuweilen träume ich einen Traum. Zuweilen nähre ich eine tolle Hoffnung.

Irgendwo in der Welt werden sich Menschen zusammenfinden, um ein neues, höheres Leben zu beginnen, als das Leben war, das sie vor dem Kriege geführt hatten. Sie werden Scham und Reue über ihr vergangenes Leben empfinden, nicht weil es böse und niedrig gewesen ist, denn das war es nicht, sondern weil es den Krieg und das Unheil nicht zu verhüten vermocht hat. Es werden gutgeartete Menschen sein, die da einen Zusammenschluß anstreben und erreichen werden. Ihr Gott wird Mensch geheißen sein, und sie werden ihrem Gott auf dem Marktplatz zwischen ihren Häusern einen Tempel errichten. Sie werden Kommunisten sein oder eine religiöse Sekte, frei von jedem Glaubensbekenntnis, vorstellen. Sie werden sich in gemeinsamer Arbeit und gemeinsamer Anbetung vereinigen und verbrüdern. Ihre Arbeit und ihre Anbetung aber wird die *Erwartung* sein.

Mein Traum verheißt es mir, und meine Hoffnung bekräftigt mich in meinem Traum: ich werde unter diesen Menschen leben, ihre Arbeit teilen, an ihrer Anbetung teilhaben; ich bin ihnen heute schon in unsrer gemeinsamen *Erwartung* verbrüdert und Genosse. Unsre Zeit naht.

Ich sehe dich an, Bruder, und erkenne: du bist dem Heiligen einen Schritt näher als ich. Du magst ein lasterhafter Mensch sein, voll von schimpflichen Fehlern, magst von Scheelsucht und Neid nicht frei sein, aber doch –

Ich habe ein sauberes Bett, ein sauberes Hemd, genug Nahrung, ein Zimmer für mich, in dem ich zu jeder Zeit des Tages und der Nacht mich in den Genuß eines Buches, eines schönen Verses oder Gedankens vertiefen darf; in dem ich Stille und Sammlung finde, um mein Denken und Fühlen von allem, was beschmutzt und erniedrigt, fernzuhalten.

– – und doch bist du Geselle, ich im besten Falle nur Lehrling. Du wirst beim Einzug des Heiligen neben ihm gehen, mich aber wird die Menge zurückschieben, immer weiter fort und zurück. Du wirst der Gnade der Berührung und des In-die-Augen-Schauens teilhaftig werden, dafür zeugen heut schon deine Lumpen. Ich aber werde mich, so nah zum Quell, in Durst und Pein verzehren müssen; auf Zehenspitzen mich hochhebend, werde ich mich des Anblicks des Heiligen doch nicht erfreuen dürfen.

Eine winzige Münze Gold fällt in den Spalt zwischen Mensch und Mensch. Der Spalt wächst zur Kluft an. Die Kluft wird unüberbrückbar. So schwer ist das spezifische Gewicht des Goldes unter den Menschen.

Seit Jahrtausenden quälen sich viele Gehirne ab: wie könnte der Spalt verbaut, die Kluft zugeschüttet werden? Das Gold sinkt immer tiefer zwischen die Menschen, die Welt ist schon heillos zerfallen, vom Grund der Erde klafft das Höllenfeuer auf, so tief ist das Erdinnere zerborsten. Der Krieg, die Flamme schlug heraus... Sollte das Maß nicht falsch sein? Gold nicht das falsche Maß sein? In den Metallen hausen Naturgewalten, die ziehen sich an, stoßen sich ab, aber nicht nur gegenseitig sind sie dieser Chemie unterworfen, sie ziehen Menschenschicksale an, stoßen Fügungen ab, Zufälle, Notwendigkeiten, Möglichkeit und Wunder sind ihr Werk. Gold ist das gefährlichste unter allen Metallen; seine Kraft die geheimnisvollste. Es zieht Unheil und Glück in gleicher Weise an, es stößt Unheil und Glück auf die gleiche Weise zurück. Aller Wahn, die letzte böse Besessenheit der Menschen, der Grundfehler in der Struktur der Gesellschaft beruht darauf, daß das Gold Maß und Einheit für das Verhältnis der Kräfte der Menschen untereinander geworden ist.

In Indien kann der Eingeborene sein nacktes Leben mit einer Schale voll Reis fristen. In Afrika genügt ihm eine Handvoll Datteln. Im Norden benötigt er Fleisch, Wein, Früchte, Fett, ein Dach, Feuerung, schwere Stoffkleidung. Da aber überall auf dem Erdenrund das Gold als Maßstab und Einheit gilt, ist es so weit mit der Menschheit gekommen, daß vom Inder, vom Senegalneger für seine Handvoll Nahrung dieselbe Arbeitsleistung verlangt wird wie vom Nordländer für seine komplizierten Lebensbedürfnisse.

Aus welcher Himmelsgegend sollen wir den Erlöser von diesem Übel erwarten? Daß er vom Norden her kommen wird, ist ja sicher. Seinen Weg müssen die Leute, die im Norden wohnen, bereiten. Die Macht liegt als Querbalken, Barrikade und Falle vor seinen Füßen; die Macht muß aus seinem Wege geräumt werden. Der Heilige wird über die Macht nicht straucheln, aber wir müssen dafür sorgen, daß er sie auf seinem Wege überhaupt nicht vorfinde!

Es ist von Übel, daß ein Mensch mehr als eine Stube zum Wohnen, mehr als ein Gewand zur Kleidung sein eigen nenne. Seine Nahrung enthalte die chemischen Substanzen, die es dem Körper gestatten, daß er sein biologisches Dasein friste. Aber die Goldwaage, die zwischen Not und Überfluß, dem Palast und dem Massenquartier pendelt, heißt Macht und nicht Wahrheit. Sie muß der Hand der Bestie entrissen und in die Hand des Heiligen gedrückt werden.

Erinnere dich, Bruder; gewiß hast du in früheren Jahren vom Mann auf dem Felsblock im Wald gehört: das Brot, das Brot müsse frei sein, wie die Luft und das Wasser frei sind. Das Brot!

Und du bliebst einen Augenblick lang stehen und dachtest auch hierüber nach. Bis dann die Notdurft des Tages dich zurückriß in das, was tatsächlich war und nicht nur sein sollte oder müßte. Und du vergaßest Brot, Luft und Wasser mitsamt dem Redner auf dem Stein.

Aber ich glaube, auch Luft und Wasser dürften dir nicht gehören. Der Staat müßte sie dir entziehen, um dich vollständig in seine Gewalt zu kriegen. Darauf, daß er dir das Brot vorenthalten kann, nebst dem Boden, worin es wächst, beruht ja seine Gewalt. Darauf aber, daß er dir Luft und Wasser nicht vorenthalten kann, beruht seine Schwäche. Er müßte trachten, so gewaltig zu werden, daß du keinen Atemzug ohne seine Genehmigung tun könntest. Dann wüßte doch der Heilige, wo die Grenzen, der Umriß, Flanken und Schultern des Gegners sind, den er niederringen, zu Boden zwingen muß.

Auf einem von Eisen und Blitzen überdonnerten Feld liegt unter blühendem Mohn ein blutender Soldat. Ein Kind noch fast. Einen Finger breit von dem verbrannten und mit schwarz geronnener Kruste beschmierten Loch in seiner Uniform steckt zwischen zwei Knopflöchern der Nelkenstrauß, den er gestern in der Mutter Garten gepflückt hat. Er liegt mit aufgerissenen Augen da, und die Schlacht zieht weiter, fort. Glaubst du, Bruder, dieser da hat bezahlt, was der Staat von dem innerhalb seiner Grenzen geborenen Menschen fordern darf? Er holt noch Atem, die Luft ist noch sein. Er wird aus der Luft Genesung in seine Lungen saugen. Er wird dann 134 aufs neue vor die Maschinengewehre müssen. Der Luft ist der Staat noch nicht Herr geworden.

Der Mensch büßt für diese Schwäche des Staates wie für seine Stärke. Der Mensch büßt. Für seine eigene Schwäche, aus der er dieses Gebilde schuf, für seinen eigenen Machtdünkel, dem dieses Gebilde entsprang. Der Mensch büßt. Wann kommt der Heilige, der den Menschen erlöst?

Jetzt eben, Bruder, hat sich ein geheimnisvoller Vorgang zwischen uns beiden abgespielt.

Während ich von der Schwäche des Staates sprach, der uns Luft und Wasser nicht vorzuenthalten vermag, sah ich dich quer über den Rasen zu einem kleinen Brunnen gehen, den ich bis dahin gar nicht bemerkt hatte. Du ließest den Pumpenschwengel nieder und auf und nieder gehen, erfaßtest den kleinen angeketteten Becher, und der Strahl fuhr in den Becher. Aus der Art und Weise, wie du den Becher zum Munde führtest, wurde es mir mit einem Schlage offenbar: wie sehr müßt ihr Armen Stockholms den Alkohol entbehren!!

Denn die Not, die die Welt schon unterzukriegen angefangen hat, beginnt ja bei euch sich soeben in dem Mangel an Branntwein bemerkbar zu machen.

Ich werde die Bewegung nicht vergessen, mit der du den Becher zum Munde geführt hast. Sie deckte die ganze Tragödie auf: euch fehlt es an Schnaps, die Brennereien liefern keinen mehr, auch das Haarwasser ist für die ärmsten unter euch schon unerschwinglich, und dazu ist es auch kein guter Ersatz für euren herrlichen gold- und feuerfarbenen Punsch, ihr armen neutralen nordischen Trunkenbolde! Der Krieg hat seinen Einzug bei euch gehalten, ohne daß ihr das Schwert gezogen hättet. Die Flasche liegt als erstes Opfer zertrampelt unter dem Huf des Krieges; Kohle, Korn, Butter, Fleisch, Leinwand, Wolle folgen bald nach. Ihr habt ein Heer von Beamten in Zivil, mit Federn hinter dem Ohr, und ein Heer von Beamten in Uniform, mit dem Säbel an der Seite. Das erste macht euch das Leben sauer, bis ihr kaum mehr weiter könnt, das andre hält euch nieder, wenn ihr aufmucken wollt. Ihr werdet bald sehen, wie diese beiden Heere sich verstärken, das Spalier zu beiden Seiten dichter wird, zu beiden Seiten der Straße, durch die der Krieg seinen Einzug hält.

Es wird bei euch wohl langsamer fortschreiten als in den Ländern, die den Krieg näher kennengelernt haben. Die Kohle wird euch eines Tages ausgehen – aber ihr habt ja Holz genug, könnt Raubbau an euren Wäldern verüben. Korn läßt sich strecken, bis dem Esser die Gelenke knacken; ebenso verhält es sich mit dem Fleisch von Säugetieren und Federvieh; zudem könnt ihr ja Fische fangen, soviel das Meer hergibt. Aber mit der Not an Fettstoffen, Butter und dergleichen beginnt das Zeitalter des Ersatzes, der eingebildeten Äquivalente, der Lebensmittelfälschung, der Lebensfälschung, der Blutdepravation, des Einknickens und Einschrumpfens der Kraft. Und o – am Ende werdet ihr den Bindfaden aus Papier erleben, den papiernen Bindfadenersatz, weil der Hanf so rar geworden, das Papier aber so geduldig geblieben ist!

Ach nein, er sitzt euch ja bereits um den Hals, der gute, solide Strick, dessen Enden das Volk, nachdem es sich gefesselt hat, in die Luft wirft, dem erstbesten Schuft zu, wie Tolstoi behauptet. Er sitzt euch bereits fest und gründlich um das Genick und ist nicht einmal ein Strick aus Hanf, sondern ein Strick aus Papier! Nun, um so schlimmer für euch alle!

Gestern war ich (hier nebenan, in der kleinen Seitengasse) im Amtslokal des »Stockholm-Systems«. Ihr macht ja so viel Wesens aus dieser Institution, dieser herrlichen mitteleuropäischen Institution. Ihr fühlt euch um einen Grad zivilisierter, seit ihr sie auch eingeführt habt, wie ihr euch nach der Einführung der Eisenbahn, des Telephons, der Staubsaugmaschine um einen Grad zivilisierter gefühlt habt. Diese Institution, den kriegführenden und notleidenden Völkern nachgeahmt, erscheint euch zudem als eine entscheidende, endgültige Probe aufs Exempel Staat. Funktioniert sie, so funktioniert und taugt die ganze Maschine Staat. Und sie funktioniert, diese wunderbare, internationale Erfindung, die die Völker aneinanderschmiedet, die Grenzen umstößt vor der nahenden, allgemeinen Welthungersnot!

Man steigt also in den zweiten Stock einer Mietskaserne hinauf, weist seinen Paß vor, sitzt ein paar Stunden unter andern verzweifelten Trunkenbolden, dann werden einem die »Personalien abgenommen«, das heißt, man sagt seinen Namen, Beruf, Geburtstag,

Heimats-, Zuständigkeits-, Paßausstellungs-, Grenzüberschreitungs-
, lokale Bezirksbehörde in einen Zettelkasten, ein Protokoll, eine
Matrikel, eine Stammrolle, ein Folioregister hinein, hierauf wird
einem ein bedrucktes Blättchen verabfolgt, das zur Entnahme eines
Drittelliters Punsch für den laufenden Monat berechtigt. Jawohl, ihr
habt alle Ursache, stolz zu sein auf euer Branntwein-
Rationierungssystem. Es hat euch noch zu eurer Staats-, Stadt- und
Geheimpolizei, eurem Standes-, Steuer-, Militärevidenzamt, eurem
Bürger-, Wahl-, Grundbuchregister gefehlt. Jetzt erst seid ihr voll-
gültig an den Strom, der die heutige Welt speist und vorwärts
treibt, angeschlossen.

An wie vielen Orten, vor wie vielen Schreibtischen habe ich in
diesen letzten Wochen meine Eigenschaften, Wesensmerkmale,
Personalien, den Steckbrief meiner äußeren und inneren Existenz
hersagen, preisgeben, niederlegen müssen. Welcher Aufmarsch von
Zettelkästen, Stammrollen, Folioregistern, Protokollen, ehe ich an
diesen Ort kommen durfte, wo die Menschheit von ihrem Joch befreit werden soll! Diese elende, dreimal unglückliche, gebundene,
niedergehaltene, festgenagelte, steckbrieflich verfolgte, unrettbar
eingeschüchterte Menschheit!

An tausend Ecken der zivilisierten Welt ist Gulliver: Mensch von
den winzigen frechen Liliputhorden an den Boden gefesselt. Da
liegt er, so lang er ist, und jeder seiner Finger, jeder Rockknopf,
seine Schuhe, sein Kleidersaum, jedes Haar auf seinem Kopfe ist mit
kleinen fest gedrehten Stricken an den Boden gebunden, fest und
unentrinnbar – mit unzähligen Stricken, die aus Papier, Zetteln,
Bogen, Registerblättchen, Protokollen und Matrikelseiten gedreht
sind!

Wo bist du hin, Bruder, nach deinem Abendtrunk? Ich sehe dich
nicht mehr ...

Doch! Jetzt erblicke ich deine Silhouette, Hut im Nacken, Pfeifchen im Mundwinkel; vor dem Musikpavillon, in dem man jetzt:
»Freut euch des Lebens« spielt. Wende dein Haupt und blicke zu
mir herüber, Bruder. Ich will dir einen Mann zeigen, der in diesem
Augenblicke quer durch den Park schreitet, vom Norrmalmstorg
her in der Richtung der Strandpromenade. Wende dein Antlitz von

den Lampions ab und sieh ihn dir an: ja, es ist dieser, mit dem glänzenden Zylinder, dem messerscharfen Langschädel, der dürftigen Körperlichkeit und der vollendeten Eleganz seines äußeren Menschen. Mit der behandschuhten Rechten, die, ohne die Notwendigkeit des Dozierens, denn der Mann geht allein, sozusagen nur von dem Vorwärtsschreiten des Körpers bewegt, exakte und dezidierte Figuren, Kreise, Dreiecke, Quadrate in die Luft schneidet. Weißt du, wer der Mann ist? Zylinder, Schädel, Handschuhe und geometrische Figuren gehören dem berühmten Kathedersozialisten und Staatstheoretiker Omen-in-Nomen an. (Nein, kein Türke. Du verwechselst ihn mit Omar, dem Kalifen, oder dem Zeltmacher Omar. Es ist ein Pseudonym. Es würde zu weit führen, wollte ich dir erklären, was dieses Fremdwort bedeutet.)

Er ist es, der's vor Monaten vorausgesagt und ausgerechnet hat, daß die Konferenz nicht zustande kommen werde und aus welchen Gründen. Sieh sein Gesicht im Lichte der inneren Sicherheit und Befriedigung erstrahlen; die Lampen vor Berns strahlen nicht so hell. Jetzt geht er an dem Gäßchen vorbei, in dem das »Stockholm-System« seinen Wohnort hat. Er würdigt Berns keines Blickes. Er weiß es ja: die Konferenz bei Berns kommt nicht zustande.

Was hat er nicht alles im voraus berechnet und verkündet? War er es nicht, der den Staatssozialismus, von dem das »System« nur einen bescheiden vorgestreckten Pferdefuß vorstellt, in Lebensgröße an die Wand gemalt hat? Auf die Tafel hinter seinem Katheder?

Er ist ganz tief im Gründe seines Wesens von christlicher Weltanschauung und Konservativismus erfüllt. Ihm ist der Staat Zweck. Er soll das Kapital verschlingen (der Staat, versteht sich, nicht der Staatstheoretiker), der Staat soll der einzige Kapitalist sein. Der Staat soll mächtiger und mächtiger werden, immer höhere Steuern von dem Bürger fordern, der Staat soll wachsen an Heeres- und Flottenmacht, möglichst viel vom Erdball und von der Menschenseele verschlingen.

Luft und Wasser – du erinnerst dich! Gut, daß du beim Brunnen warst, ehe er kam. Er hätte dir mit einer Handbewegung, die das geometrische Gebilde »Monopol« in die Luft gemalt hätte, den Becher vom Munde weggeschlagen.

Er sieht vor seinem geistigen Auge die paar weißen Flecke auf der Welt, die paar hellen, ausgesparten Flecke Freiheit in der großen allgemeinen Versklavung auch schon von dem stählern haltbaren Spinnweb neuer, neuester Organisationen, bureaukratischer Systeme durchwoben. Bald hat er die Menschen dort, wo er sie hingewünscht hat. Auch dieser vermag nur noch zu grinsen, statt zu lächeln. Im Grunde vermag er aber nicht einmal mehr zu grinsen. Sein Gesicht hat sich um keines Haares Schatten verzogen, als er an Berns vorüberging. Ich möchte dieses Gesicht gern aus nächster Nähe beobachten, wenn den Staatstheoretiker sein Weg unversehens an einem Zuchthause vorüberführt.

Warum erstarren wir als Schüler auf der Schulbank vor Verehrung, wenn der Herr der Theorien seinen Blick auf uns ruhen läßt? Nachher im Leben fehlt es unsern Taten zumeist an einem festen Denkgerüst, und wir sind unsicher und unglücklich, obzwar die Erfahrung ja lehrt, daß jene Entschlüsse letzten Endes zum besten ausschlagen, die in jähem Impuls, dem Instinkt gehorsam gefaßt werden. Der Schule entronnen, verursacht es uns Mühe, die Schulangst vor dem Logikus abzustreifen. Je älter wir werden, um so tiefer sehen wir die Welt in die Schlingen des Theoretikers verstrickt. Wer die Welt vorwärtsbringen will, hat tausend gordische Knoten zu durchhauen. Das Schwert ist die Phantasie.

Nur Phantasten bringen die Welt vorwärts, wilde Utopiker, besessene Heilande, nicht Nationalökonomen, Rechtslehrer oder verspätete Marxisten und Bodenreformer. Ärger als der Autokrat ist der Theoretiker. Er verehrt die absolute Macht des Nenners, das abstrakte Prinzip der Gewalt.

Auf mystische Art ist das Unberechenbare, das Wunder, das Heil, alles, was die Menschheit zu erretten vermöchte, aus der Welt eskamotiert. Die Phantasie in einem Meer von Disziplin, das heißt von Glauben und Unterwerfung unter Theorien, ersoffen. Der bestellte Hüter der Vergangenheit ist es, der Wacht vor dem Tor hält, damit der himmlische Bettler nicht hereinkommen könne.

Es ist eine schlechte Luft in dieser Stadt, und sie ist von der Anwesenheit zu vieler Leute dieses Schlages verursacht. Ihre Ausdünstung verpestet die Luft. Sie leiden ohne Ausnahme an trägem Stoffwechsel. Ihr Blut zirkuliert zäh; man riecht sie von fern. Stockholm fängt an, in schlechtem Geruch zu stehen; bald wird die Welt sich die Nase zuhalten. Auch der Rebell hat seinen eigentümlichen Geruch, aber köstlich wie der Geruch von Narden ist er im Vergleich mit jenem, der vom Fanatiker der Ordnung ausgeht. Dieser Gestank zieht sich ins Gehirn und lähmt die Zentren der Hoffnungsfreudigkeit und des Aufschwungs. Leise und verhauchend spricht die innere Stimme vor dem Erlöschen noch das Wort: Heiliger, komme, rette dein Reich! Dann schweigt sie, und Verzweiflung bricht herein.

Verzweiflung. Denn nichts wirkt so ansteckend wie die Theorie der Macht, hinter der Überzeugung steckt. Lasse sich einer aber von dem Zylinder dort anstecken und überzeugen: aus dem Zusammenschluß des Proletariats aller Länder, das heißt der Befreiung der Welt durch das Volk, könnte, auch wenn sie einträte, nichts andres erwachsen als die Erstarkung des Staates, diese allein – was bliebe dann hier in Stockholm übrig als Verzweiflung?

Einmal wird die Geschichte dieses Stockholmer Sommers geschrieben werden. Mit Namen und Daten belegt, wird die innere und äußere Geschichte all dieser Vorbereitungen, Winkelzüge und Hemmnisse dargestellt werden müssen.

Welche Umständlichkeit, welches zögernde, zaghafte Hinschleppen, wo es sich um das Recht handelt! Wie geradeaus und drauflos geht dagegen die Gewalt vor!

Vom großen, brennenden Rußland war die Parole zuerst ausgegeben worden: Frieden und Proletariat! Nicht Dörfer und Städte allein brannten dort in dem großen, heiligen Reich! Und bald flammte hier und dort in der wild zerborstenen Welt wie eine Stichflamme, wie eine in die Luft geflogene Munitionsfabrik die Parole: Frieden, Proletariat! in die Höhe. Über den ganzen Horizont wie eine Morgenröte. Schon kamen die ersten Delegierten nach Stockholm.

Sie kamen aus dem Südosten Europas, aus den Ländern, auf denen der Krieg am schwersten lastete, der Balkankrieg und der Krieg von 1914. Die Bulgaren kamen, die Slawen Österreichs, dann die Ungarn, die Deutschösterreicher, die Deutschen.

Die Deutschen waren kaum gekommen, als man schon erfuhr, die westlichen Regierungen würden ihren Sozialisten die Pässe verweigern. Die Russen hatten ihre Arbeiter und Soldaten nach Stockholm gesandt, und die gaben, während die Delegationen an dem Bureau des Holländisch-Skandinavischen Komitees vorbeidefilierten, der Welt Kunde von den Schicksalen des großen, mystischen Volkes, das am Anfang seiner Geschichte stand.

Wir waren in Stockholm und hofften. Die Österreicher und Deutschen kamen mit den Russen zusammen und sprachen vom Frieden. Hand in Hand standen sie beisammen, sahen sich in die Augen und hatten nur Einen Feind.

Da brach, von diesem Feind entfacht, der Krieg in Galizien aufs neue los, und alles war vorbei. Die russische Armee, die den Glauben an den Kampf verloren hatte, wurde zurückgeschlagen, und da ja noch der Waffenerfolg allein galt, wurde die Parole: Frieden und Proletariat! in den Kot geworfen und zertrampelt. Die Abgeordneten des Arbeiter- und Soldatenrates zogen nach London und Paris weiter und waren auf dem Weg schon Werkzeuge des erstarkenden Kriegswillens geworden. Derweil defilierten die Völker ruhig, als wäre nichts geschehen, vor dem Holländisch-Skandinavischen Bureau vorüber.

Jetzt kamen sie schon aus den versteckten Winkeln Asiens und Afrikas herbei und ließen ihre nationalen Beschwerdeschriften auf den Schreibtischen des Bureaus zurück – die Internationale war ein Behältnis für alle kleinen Sonderbestrebungen, Grenzwünsche, Nachbarstreitigkeiten und Interessendrangsalierungen geworden, die nach bewährtem Muster nur der Krieg, der Krieg allein befriedigen, heilen und aus der Welt schaffen konnte.

Drohend in Erz und Gold gepanzert, stieg derweil in Amerika der Militarismus des bis dahin freiesten Bürgertums der Welt in die Höhe.

Er überschattete den ganzen Kontinent, Krieg, Neutralität, Revolution, Stockholm. Den Platz, auf dem das Gebilde, das Phantom: Volk gestanden hatte, konnte man kaum noch unterscheiden; er war leer, der Schatten lag über Allem.

Aber wir sind ja doch noch in Stockholm und hoffen weiter! Immer noch kommen aus jenem Teil der Stadt, in dem das Bureau des Komitees und das Bureau der Russen sich befindet, anfeuernde, zuversichtliche Rufe zu uns herüber! Jetzt sucht man ja sogar einen Saal und hat ihn hier nebenan gefunden!

Aber wenn die Hoffnung doch noch fehlschlägt? Wenn die Friedenskonferenz doch nicht stattfindet? Wenn all dies, wozu wir hergekommen sind, vergeblich war und ein Spott der Welt geworden ist? Wenn die Verzweiflung um sich frißt und der Glaube zusammenschmilzt wie ein Häufchen Schmutz, Asche, klebrig und feucht zwischen den Fingern, Bruder?

Bruder! Bruder Daggmask! Wo bist du denn? Ich sehe dich nicht mehr. Auf dem Rasen nicht, nicht vor dem Musikpavillon, nicht vor dem Brunnen. Solltest du dich davongemacht haben, ohne Gruß, ohne »auf Wiedersehen«? Aber wir kannten uns doch gar nicht, ich vergaß das für einen Augenblick!

Bruder Daggmask, dann sei es drum. Leb wohl. Leb wohl. –

Ist das schon die Verzweiflung, die einem das Bild der Menschen so häßlich malt? Mit all der Not und Gier des Krieges ist eine Häßlichkeit in die Welt gekommen, derengleichen nie auf den Gesichtern der Menschen gelagert hat. Sie sind häßlich. Wie die Urschrift eines Palimpsestes schlägt durch die Tünche der Zivilisation vom Grunde des Pergaments das Mal des Tieres an die Oberfläche durch. Wohl schaut der Heilige wie ein Kind so rein und helläugig in die zerfetzte und besudelte Welt. Aber, um 's Himmels willen: was ist aus dem Antlitz des Volkes dieser Erde geworden?

Ich blicke geradeaus und lasse das Publikum von Berns an meiner Bank vorüberziehen.

Dies ist das Volk der Schweden, ein neutrales Volk, das vom Krieg verschont geblieben ist, seine einträglichen Geschäfte in voller körperlicher Sicherheit und unbegrenztem Behagen betreiben konnte und kann.

Entschwundener Bruder Daggmask, ich vermute: sogar deine Regenwürmer sind im Laufe dieses Sommers im Preis gestiegen und gesuchter gewesen als je. Wie viele deiner Mitbürger haben sich Segeljollen, Kutter und Jachten angeschafft in diesem Jahr! Funkelnagelneue Villen, Schlösser und Paläste prangen überall auf den Schäreninseln. An eurem Golde klebt weniger Blut als an dem Golde der kontinentalen Kriegswucherer; dennoch ist auf den schwedischen Gesichtern die Depravation der Zeit deutlich zu erkennen. – Es ist der Widerschein des Ereignisses, das alle Grenzen aufgehoben hat. Indes, man muß mit klarem Auge um sich zu blicken trachten in diesem neutralen Land.

Ich will vergessen, was mich hierhergeführt hat, und als Tourist sagen: ich liebe es nicht allzu heftig; nicht das Volk dieses Landes, nicht das Volk dieser Stadt. Der Mittelklasse und den Oberen geht es recht gut, wie ich sehe; wie geht es aber dem Arbeiter und den Unteren? Der Bürger arbeitet fünf bis sechs Stunden, und das ist ganz in der Ordnung; ist es aber wahr, daß der Arbeiter zehn Stunden und darüber zu arbeiten hat? Ich sehe die Arbeiter ausgemergelt, stumpf und verbraucht abends auf den Fähren nach der Südstadt hinüberfahren und erschrecke zuweilen, wenn ich in eines oder das andre Antlitz schaue. Aber wie sieht der Mittelstand aus? Zwischen das umfangreiche Frühstück, aus dem der kontinentale Tourist zwei oder drei Mahlzeiten machen könnte, und die ausgiebige Nachmittags- und Abendmahlzeit schiebt der schwedische Bürger ein Mittagessen, das aus Kaffee, Kuchen und Punsch besteht. Bringt der Tourist es fertig, sich an dieses Mittagessen zu gewöhnen, so ist er verloren. Das Nationalgetränk Punsch schmeckt zwar herrlich, aber das Blut wird zäh und breiig vom Punschgenuß, und der elastisch ausgeturnte schwedische Jüngling verwandelt sich im Mannesalter in einen apoplektischen Schmerbauch und Geldsack.

Gibt es denn eine bessere Handhabe zum Verständnis eines Volkes als die Art und Weise, wie es seine größten Geister behandelt? Wie Schweden an Strindberg gehandelt hat, habe ich ja schon erwähnt. Schwedens größte Geister sind zur Zeit zwei Frauen. Das Verhältnis des Schweden zur Frau erinnert in manchen Stücken an den Orient. Die Frauen Dänemarks, Norwegens und Finnlands besitzen das Wahlrecht, die Schwedinnen nicht.

Warum ist die Auswanderung nach Amerika so maßlos? Das Land bietet ungeheure Möglichkeiten, die nicht ausgenutzt sind. Ein einziger Staat Nordamerikas, Illinois, zählt so viele schwedische Siedler, wie das Mutterland Söhne und Töchter. (Sollte ich mich irren? Gut, dann noch Minnesota dazu.) Ach nein, mit der Liebe zu Völkern ist es bei mir schlimm bestellt.

Ich liebe Deutschland um seiner Sprache willen, um des Wortes »Gemüt« willen, das aus den Liedern seines Volkes tönt, und ich liebe England um seiner Worte »kind« und »gentle« willen, die eine einzige, unnachahmliche Wesensart des englischen Menschen bezeichnen. Das ist wohl eine sentimentale, der Gerechtigkeit hohnsprechende Einstellung, muß ich sagen. Aber, um den Touristen abzustreifen: lernt man Völker nicht am gründlichsten in Situationen wie dieser heutigen kennen, in Lebensläuften der Menschheit, wie die es sind, die uns aus den leidenden Ländern Europas hierhergeführt haben, in diesen denkwürdigen Sommermonaten des Jahres neunzehnhundertsiebzehn?

Nun, sicherlich liefen weniger Verstimmte und Unglückliche hier in Stockholm herum, käme die Gesinnung des schwedischen Volkes gegenüber dem Großen, Befreienden, das hier unternommen werden soll, in einer freudigen und hoffnungsvollen Hilfsbereitschaft zutage und nicht auf die Weise, wie sie es in Wahrheit tut: als kalt schroffes Mißtrauen gegen irgendwelche »sozialistischen Umtriebe«.

Diese Einstellung beruht nicht mehr auf Sentimentalität und Wehleidigkeit. Sie dringt tiefer und ist entscheidend.

Oh, nicht in der Liebe zu Völkern zeigt sich die Liebe zur Menschheit. Und nicht in der Zugehörigkeit zur Partei, zu einer Gruppe die treue Opferwilligkeit für das Ziel der Menschen. Individuum! Einzelwesen! Und dies:»en masse«, Whitmans Zauberwort, aufgelöst in sein mächtiges, unerforschtes, millionenfach verschiedenes Urelement! Einziges Wesen Mensch. Einer!

Wen, wen liebe ich vor Allen? Ist es das Genie, ist es der Einfältige? Der Führer zur Befreiung oder der Duldende, der sich ohne Widerspruch von der Tyrannei zermalmen läßt? Der Starke, Gläubige oder der Zage, Verschüchterte? Der Reiche, unerschöpflich Spendende oder der Bedürftige, der Harrende?

Den Guten liebe ich. Ob er aus Schwäche oder aus innerem Kraftüberschwall gut ist, gleichviel. Den Unpolitischen, das Opfer der Niedertracht, den Heiligen. Ja, den Guten. Unter den Aufrührern, den Scheuen und Finsteren in den Ecken gibt es welche, und unter denen, die im Licht stehen und sich des Lebens, das sie zu meistern verstanden haben, erfreuen, auch. Unter den Oberen, den Untersten, in allen Schichten. Überallhin aber, wo er sich auch befinden mag, hat sich der Gute in die Sphäre seiner Umgebung nur verirrt; denn seine wahre Heimat ist nirgendwo.

Wie kann er nur unter jenen gedeihen, die sich der Köstlichkeit des irdischen Daseins, des Schönen, Heiteren ringsum erfreuen – während einen Schritt weit von ihm der Elende darbt und verzweifelt? Und wie kann er unter jenen gedeihen, deren Denken und Fühlen jeden Augenblick von dem hassenden, neidverzehrten Treiben des Nachbarmenschen beunruhigt, getrübt, geschärft, messerscharf geschliffen ist? Der Gute!

Darf sich, wer den Guten unter den Abertausenden sucht, auf seinen Instinkt verlassen? Wenn sein Instinkt noch dazu auf Schritt und Tritt von Empfindungen ästhetischer Art durchkreuzt, von der Erkenntnis oft begangenen Irrtums und Unrechtes beunruhigt wird?

Klingt es nicht wie Blasphemie, wenn ein heutiger Mensch, das Geschöpf dieser Zivilisation, es ausspricht: sein Geschmack an schönen und harmonischen Dingen gehe so weit, daß er die Gemeinschaft eines geistreichen und die Mittel der Kunst vollendet beherrschenden Zynikers der Gemeinschaft mit einem Edlen und Reinen, der aber unbehauen und ungeschliffen, mit absurden Manieren und unerträglichen Ausdünstungen quält, vorziehe? Es klingt wie ein Paradox und ist in der Tat eine Blasphemie; aber frage den Menschen, den ich meine, ob er die Gegenwart des Heiligen, nach dem er sich sehnt, ertragen können wird? Glaube mir: hier klafft ein Zwiespalt, eine arge Seelennot, hier schwärt eine tiefe Unruhe. Wie wäre sie aus dem Gefühl zu bannen? Ist das überhaupt denkbar? Wer sich ihrer bewußt geworden ist, findet sich oft am

Rand der Verzweiflung, möchte alles aufgeben, abseits gehen, endgültig schweigen und verzichten.

Wenn dies Alterserscheinungen sind, so sollte man ihrer Herr zu
werden trachten, so wie man körperlicher Verfallserscheinungen
durch Hygiene und Bewegung Herr werden kann. Und es tut not,
daß man ihrer Herr werde. Denn ist dies eine Zeit zum Resignieren,
Beiseitegehn, ruhig und beschaulich zu Ende leben? Kannst oder
magst du nicht mittun an dem Menschheitswerk und bei dir selber
beginnen, so vertilge dich, aber rasch!

Es ist ja unleugbar: mit zunehmendem Alter wächst das Bedürfnis nach Komfort, Luxus, schönen Gegenständen im Bereich des
täglichen Lebens und nach anmutiger Umgebung. Nach einem Garten, dem Garten Epikurs, nach Idyll und Ruhe, Frieden … das sind
konservative Tendenzen, die anzeigen, daß die Seele begonnen hat,
sich mit der Welt abzufinden. Daß sie gewillt ist, den Rahm abzu-
schöpfen von der Milch, die tief auf dem Grunde des Gefäßes bitter
ist und blau vor Tränen.

Sehnsucht nach der Ferne, Reisetrieb, Gier nach Neuem, Frem-
dem, Abwechslung, all dies sind Beweise dafür, daß deine Zeit noch
nicht um sei. Sehnst du dich aber danach, inmitten schöner Bücher,
Kunstwerke, alten liebgewordenen Hausrats zu leben, aus deiner
Stube über die Schwelle in deinen Garten hinauszutreten, um in
ihm mit eigener Hand die Blumen zu hegen, die dir den Gang der
Jahreszeiten anzeigen – dann sinkt dein Leben, und die Wende
naht. Dagegen aber mußt du ankämpfen.

Wie das? Die schöne Photographie des »Hypnos« an meiner
Wand, auf die mein Blick beim Erwachen fällt, mein schön gearbei-
tetes silbernes Tintenfaß, die Sèvresvase, der Kastanienton des
Schrankes in der Ecke, der mir so gut gefällt – sollte all dies meinem
Leben feindlich sein? Schon möglich.

Wie oft hat die Gewohnheit die Freude an dem Besitz, die Treue
zu leblosen Gegenständen Untreue gegen Menschen verursacht,
Untreue gegen sich selbst?

Da müßte einer ja dem Krieg Dank wissen dafür, daß er all dies
so gründlich mitsamt der Wurzel herausreißt? Alles, was Gewohn-

heit, Freude an dem Besitz, Behagen an schön geordneter Lebensweise, Liebe zu Sachen und zum heiteren Genuß des Daseins heißt! Ich sehe mich verdüstert um in dieser Welt des Grauens, der Qual und der Gewissensbisse. Alle Güter, die lebendigen und die leblosen, sind vernichtet oder endgültig erschüttert. Alles, was gestern noch mein gewesen ist oder doch hieß, ist vergangen, zerschmolzen, Nichts geworden. Alles, was mir ein unumgänglich nötiger Bestandteil meiner Existenz schien, ist im Begriffe, aus der Welt zu schwinden auf Nimmerwiedersehen.

Sich heimisch fühlen. Heim. Heimat. Wo? Unter welchen Menschen? In welcher Nation? In welchem Lande? Zugehörigkeit – zu welchem Ort, welcher Umgebung, welchen vier Wänden, welcher Habe? Und der Zweifel beschleicht die Seele: hat sie je eine Heimat besessen?

Sage doch, antworte hierauf: wo warst du zu Haus? Hat es je einen Platz, einen Fleck Erde, ein Obdach unter dem Sternenhimmel gegeben, von dem du tief atmend und die Brust voll Freude behaupten durftest: Hier, hier bin ich daheim!?

Der schwerste Konflikt, unter dem der Mensch leiden kann, ist dieser: die Majorität, die trüben, trägen, zähen Widerstände, die sie dem Individuum entgegenstellt, zu hassen – und gleichzeitig die Masse, das »en masse«, die Gesamtheit zu lieben. Heute leidet manch einer schwerer als je an diesem Zwiespalt.

Das Schicksal des Individuums scheint ihm das einzig Wichtige. Im Kriege hat er es nicht gelernt, die Masse als Ziffer, eine große runde Ziffer anzusehen, in der der Nenner des einzelnen untergeht, das Einzelschicksal nichts gilt. Vielmehr ist ihm das Schicksal des einzelnen in höherem Maße als jemals zuvor das Entscheidende, allein Maßgebende! Er fühlt Zorn und Empörung in sich aufquellen, wird ihm Kunde von fremder Bedrückung und von Leiden, die dem Mitmenschen freventlich auferlegt wurden. Dies alles verbindet ihn mit den Mitmenschen – und doch wünscht er sich mit keinem mehr Gemeinschaft! Dies ist wohl ein Zwiespalt, schwer zu überbrücken.

Ich habe es erfahren und wage es auszusprechen: das Gefühl der Zugehörigkeit zur eigenen Klasse oder Kaste ist in den Menschen fester verwurzelt als das Heimatgefühl oder gar das Gefühl der Zugehörigkeit zu einer Nation. Aber war ich denn je in meiner Klasse, der Bourgeoisie, in der ich geboren bin, daheim? Die Erziehung des bürgerlichen Sozialisten beginnt bei der Dienstbotenfrage. Die Anwesenheit des Dienstboten im Elternhause bietet dem Kinde, das im bürgerlichen Milieu heranwächst, die erste Gelegenheit, den Unterschied der Stände und ihre Stellung zueinander zu erkennen. Als Kind schon entfremdete ich mir meine Eltern, weil ich oft gemeinsame Sache mit den Dienstboten machte, die im Hause des Bürgers doch nur soweit Menschen mit eigenen Rechten, Willen (und gar Launen) bedeuten, als es der Familie Bequemlichkeit und der »Friede des Hauses« zuläßt.

Zur Klasse oberhalb der meinen fühlte ich mich als Kind schon hingezogen. Mit welch sehnsüchtigem Blick sah ich dem schönen, mit frei flatternden blonden Locken auf isabellfarbigem Pony durch die Allee galoppierenden Kind des aristokratischen Gutsnachbarn nach. Und etwas von diesem primitiven Gefühl aus der Jugendzeit ist auch später in mir wach geblieben, als ich schon eingesehen hatte, daß die Aristokratie in Wirklichkeit die von allen Klassen des Volkes ausgehaltene Schmarotzerklasse sei.

Das Fremdeste von allem blieben mir die Schönheitsbegriffe, die Modefexereien, die Tugendideale des großen durchschnittlichen Bürgertums. Der satte Bürger, dem die Welt gefällt, weil ihr Lauf ihm recht gibt, war mir ebenso fremd wie der Streber, der sich in die höhere Klasse hinaufzuschwindeln sucht, und wie der verschämte Arme, der es am Rande des Hungertodes noch ängstlich verbirgt, daß er schon unter seine Klasse hinabgesunken sei. Am ehesten fühlte ich mich noch eins mit den kleinen, abseitigen, bescheidenen Existenzen, die seufzend und bedrückt zwar, aber frei von Neid nach oben und frei von Dünkel nach unten schauten. (Obzwar sie auf ihre Art intolerant zu sein verstanden!) Kolonisten, sektiererische Bewohner kleiner entlegener Niederlassungen, versponnene Träumer, Sonderlinge und Schwärmer, in ihnen erkannte ich Verwandte, ferne, unerreichbare Freunde und Gefährten. Ja – unerreichbar auch sie! Denn, wenn ich mich ihnen zu nähern suchte, begegnete ich verkniffenen Mündern, aus dem Winkel blickenden Augen. Demselben mißtrauischen: drei Schritt vom Leibe!, das dem

Bürger entgegenstarrt, wenn er in den Bannkreis der Oberen, der Lenker, und der Untersten, der Unfreiesten verschlagen wird. Mit dem Stempel, dem Mal des Bürgers gezeichnet, geht so mancher durch das bunt verwobene Leben der Gesellschaft und muß einsam bleiben. Warum nur?

Ich machte mir alle Instinkte meiner Klasse, die mir peinlich und verhaßt waren, zum Vorwurf. Ich fand ja solch hohes ästhetisches Wohlgefallen an der Vorstellung von dem Leben, das jene kultiviertesten unter den Aristokraten auf ihren efeubewachsenen Manors und Landsitzen führten! An der Vorstellung von einer Gemeinschaft mit vornehmen, der Macht durch Generationen gewohnten Männern, dem geselligen Umgang mit subtilen, raffinierten Geistern, die die Gesellschaft der Menschen so überlegen zu verspotten wußten, mit wunderbar zarten Frauen aus alten Geschlechtern, den zerbrechlichsten und überflüssigsten Geschöpfen der Welt! In der anmutigsten Umgebung, die sich ausmalen ließ und die Geschmack und Reichtum herzustellen imstande waren, in weiten, mit kostbaren alten Bildern geschmückten Bibliotheksälen, aus deren gotischen Fenstern man den Blick auf gepflegte Rasenplätze und italienische Gärten hatte ... War dies denn anderes als der Ausdruck eines echt bürgerlichen Snobismus? Ähnlich dem, nur in der Richtung verschieden, den ich mir vorzuwerfen hatte, da ich, in der Newyorker Bowery in einer Versammlung russisch-jüdischer Mäntelnäher sitzend, mich zerrissen und vernichtet fühlte vom Weh dieser Ärmsten und Erniedrigtesten, so als wäre es mein eigenes Los, jahraus, jahrein um einen Hungerlohn in einer Schwitzbude siebzehnstündige Arbeit zu leisten?

Aus all diesen Vorwürfen machte ich mir kein Hehl. Und wenn ich mit dem Kopf gegen die Wand rennen wollte, das Mal bliebe mir auf der Stirn sitzen. Es kam ja mit dem Blut aus dem Herzen an die Oberfläche der Haut gestiegen. Ich wußte: mein Gefühl war ein andres als das Gefühl des Bürgers. Es war nicht das Gefühl, das meine Eltern davon abgehalten hatte, mir die Drechselbank zu schenken. Mein Gefühl war anders geartet als das Gefühl, das den Bürger aus seiner Klasse forttreibt. Ich wollte ja aus meiner Klasse nicht fort, um in eine andre Klasse zu gelangen. Ich wünschte den unerfüllbaren Wunsch, einer andern Klasse anzugehören, in der ich geboren wäre! In der ich fester und intensiver ich selbst hätte sein können als in der fremden, mich zum Widerspruch reizenden Klasse der Bourgeoisie, in der ich mich als ein von der oberen und von der tieferen Klasse Ausgestoßener fühlen mußte. In der ich, wenn ich um mich sah, so viele gebrochene, mit sich im Hader stehende Naturen erblickte. In der ich mich unheilbar einsam fühlte.

Im Wesen des Künstlers berühren sich die Merkmale der Oberen und der Unteren. Der Künstler ist Bruder des Niedrigsten, weil er höher geboren ist als der Höchste.

Mit schönen und großen Gedanken leben, im Wachen und Wahn – das, so sollte man meinen, müßte aus dem Künstler ein Wesen der reinen Schönheit, in sozialer Beziehung ein Mitglied der reinsten Brüdergemeinschaft machen. Auf ihn dürfte die Milieutheorie nicht anzuwenden sein. Der Künstler sollte der rechte Fremdling, der hochheilige Wanderer unter den Geschöpfen der Erde, der Apostel und Weggenoß des erwarteten Heiligen sein.

Einst gab es eine Zeit, da schätzte ich die künstlerische Begabung als den höchsten Wert der Menschenseele ein. Ich wähnte: je stärker sie der Seele des Individuums beigemengt wäre, um so höher müßte das Individuum unter den Menschen ragen. Um so froher und inniger dürfte man ihm nahen. Und um so sicherer dürfte man bei ihm auf Verständnis, Gerechtigkeit und Güte rechnen.

Ich bin unter meinen Genossen, den Künstlern, einsamer geworden, als ich es je unter den Menschen meiner Klasse war.

Ich sagte mir abermals: meine eigene Natur trüge die Schuld an dieser Enttäuschung und Vereinsamung. Meine Natur, alle die Forderungen, die ich stellte, alle die Hoffnungen, die ich hegte; meine grundfalsche Einstellung zur Welt. Die Zivilisation erschwert dem Menschen so unsäglich den Weg zum Menschen. Der Künstler aber muß sich seinen Weg zum Mitmenschen mit härterer Mühe bahnen als welcher andre Mensch immer. Und seine Mühe erweist sich in den meisten Fällen als vergeblich. Aber der Weg zu den Geschöpfen seiner Einbildung ist ihm ja frei, und der Rest der Menschen kann diesen Weg nur an seiner Hand gehen.

Die Geschöpfe seiner Einbildung darf der Künstler mit allen Idealen erschaffen, beschenken, belehren, die er an dem lebenden Menschen, dem Menschen innerhalb der Verkettungen der Gesellschaft nicht entdecken konnte. Den Idealen, deren Mangel ihm das Leben unter den Menschen so namenlos, oft bis zum Selbstmord verwehrt. Der Verkehr mit jenen höheren Geschöpfen der Phantasie müßte unter den Künstlern eine Art Freimaurerei schaffen. Dasselbe Anderssein schließt sie ja aus der Gesellschaft aus. Dieselbe Sehnsucht heißt sie erst sich der Masse nähern, dann die Masse meiden. Dasselbe Glück müßte sie untereinander vereinen. Ich sah und kannte Künstler, näherte und befand mich in Gemeinschaften von Künstlern, lernte ihre Zusammenhänge, ihre Geselligkeit, ihre Einsamkeiten kennen. Aber ich bin unter den Künstlern einsamer geblieben als unter den Menschen meiner Klasse, als unter den Menschen. Es muß also ein Fehler von meiner Seite vorliegen; entweder in meinem Denken oder im Gefühl; vermutlich in meiner Einstellung zum Problem des Künstlers.

Bruder Daggmask, ich wette, darauf hast du zu sagen: ach ja, die Fachgenossen! Die Wurmjäger! Freundschaft, Kameradschaft unter Wurmjägern!

Aber ich sage dir: der Künstler ist seinem Bruder in der Kunst noch in ganz anderm Sinne ein Kamerad als der Wurmjäger seinem Berufsgenossen! Er muß sein Alltagsleben so zu leben trachten, daß es in Einklang mit dem Ideal gebracht sei. Seine Gesinnung gegen den Mitmenschen muß übereinstimmen mit der tiefsten Forderung, die sein Beruf an ihn stellt und die er zu erfüllen trachtet ein Menschenleben hindurch.

Du lachst, Bruder? Du meinst, es komme ganz allein darauf an, das Ideal aus sich zu projizieren, es zu gestalten (du sagst gar: »es meinetwegen zu gestalten«), im übrigen täte der Künstler wie jeder beliebige andre Mensch gut daran, das Leben eines Bürgers zu leben – des weltläufigen Bürgers, mit all den erprobten Methoden, der bewährten und üblichen Handlungsweise des Bürgers, nach den abgestempelten Gesetzen des Marktes, den Geboten, die die Zusammenhänge in der Gesellschaft bestimmen: Kampf des Stärkeren gegen den Schwachen, oder umgekehrt: der Einsichtigen und Gewitzigten gegen den Ungelehrigen und Eigenwilligen, und so weiter. Du meinst, die Fähigkeit, sich in der Welt zu behaupten, sei ja gerade der untrügliche Prüfstein für die so hoch gewertete Begabung, ein unumgänglich notwendiges Element jeder Begabung, auch der des Künstlers! Denn, siehe da: alle, die was taugen und weithin sichtbar vor den Blicken der Mitwelt stehen, haben Anhang unter den Menschen gefunden und sind durch Beziehung und Verbindung mit den Menschen verknüpft, diese Beziehungen und Verbindungen aber bestimmen sie jetzt selber. Sie sind unter ihresgleichen wohlaufgehoben. Einst waren sie Jünger und haben nun, da die Zeit sich erfüllt hat, selber welche. Sie haben das Gaukelspiel beizeiten durchschaut, haben ihr Brot einst wohl mit Tränen gegessen, aber das Brot wurde immer besser, im Maße, wie die Tränen weniger wurden. Was sie in Wahrheit auf dem Grunde der Gesellschaft erblickt hatten, verlor allmählich seine Kontur, wurde uferlos, Notwendigkeit und dann zum Behelf, zum Werkzeug, dessen sie sich gegen die andern bedienten. Nun waren sie geborgen.

Man kann sich gewiß in den Regionen des Ideals begegnen. Aber das schafft doch noch lange keinen Zusammenhang, keine Freimaurerei hier im Leben der Welt. Dazu ist Unterwerfung unter das allgemeine Gesetz vonnöten. Gelingt es dir nicht, dich zu unterwerfen, dann wundre dich nicht über deine Vereinsamung unter den Künstlern wie unter der großen Menge: wundre dich auch darüber nicht, daß, was du denkst, ausdrückst, schaffen magst, gegen die Welt zu durch eine Barrikade aus Hohn, Kälte, Schweigen abgesperrt wird. Wundere dich nicht, gräme dich nicht darüber, daß dein nächster Mitmensch, Kamerad und Bruder, daß der Künstler es ist, der diese Barrikade aufrichtet, an deren Niederreißen du deine beste Kraft wenden mußt. Sollte deine Vereinsamung vielleicht nur die gerechte Strafe für das Unsoziale sein, das in der Anschauung liegt: Künstler und Bürger sei nicht ein und dasselbe?

Der Bürger sagt: Künstler sind Bürger mit Landsknechtwaffen, gefährliche Bürger, aber immer noch Bürger. Wir haben unsre Waffen, sie die ihren, das ist der einzige Unterschied. Sollte das Wahrheit sein?

Ja, der Künstler trägt Waffen, schreckliche, tödliche Waffen. Wie hat er sie in diesem Kriege gebraucht? Hat er sie gegen den Staat, seine Einrichtungen, gegen das Ungeheuer, den Allverschlinger Staat und seinen klirrend in Erz und Gold einherschreitenden Trabanten, den Ungeist, gebraucht?

Nenne mir doch den Künstler, der, das Gut des Ideals tief verwahrt in seiner Brust, mit zerbrochener Waffe ein Märtyrer des Geistes geworden wäre in diesem Kriege. Nenne mir den Künstler, dem sein Ideal das Gebot auferlegt hätte, sich für die Gesamtheit zu opfern. Den Tod oder auch nur das Gefängnis zu erleiden für die eigene, selbstherrliche Disziplin, das innere Gesetz?

Nicht Ein hymnischer Gesang, nicht eine einzige, unvergängliche Strophe der Lobpreisung ist aus ihrer Mitte aufgestiegen zur Verherrlichung der seltenen Menschen, fanatischer Politiker, kleiner Volkslehrer, bescheidener Handwerker, die ihr Leben in die Schanze geschlagen haben für das hohe, einzige Recht, für den Menschen! –

– Ich habe sie geliebt, die Hohen, Unerreichbaren, die Weisen und Denker mit den Steinaugen antiker Götter und Philosophenstatuen!

– Und ich habe sie geliebt, die Kleinen, die Niederen, Unverständigen, die Einfältigen und Kindgebliebenen, die für unbegriffene Schlagworte gerne und demütig ergeben verbluteten.

Ich hatte keine Gemeinschaft – nicht mit diesen – nicht mit jenen. Ich bin traurig, denke ich daran: wie vieles Gute, Schöne, Wahre durch diese Einsamkeit versteint im Herzen. Wie vieles gelöst, ans Licht gerufen werden könnte durch Freundschaft, Kameradschaft, Gleichtakt des Vorwärtsmarsches, warme, pressende Hand des Genossen, schwingend und beschwingt im Vorwärtsmarsche durch dieses Leben!

Sicherlich kommt es unter den Menschen darauf an, daß man Order pariere.

Gewisse Wahrheiten auszusprechen kann den Kopf kosten. Aufrichtigkeit darf auch dem nächsten Mitmenschen gegenüber nicht bis an die letzte, notwendige Grenze getrieben werden. Du darfst ihn nicht wissen lassen, welche Gefühle du für ihn hegst, und wären es die innigsten. Ja, wahrscheinlich darfst du diese am wenigsten verraten. Natürlich darfst du auch nicht verraten, welche Gefühle du von ihm erwartest, bei ihm vorausgesetzt hast, schmerzlich vermissest. Tust du's, so wird vollständige Entfremdung die Folge sein. Und dieselbe Zurückhaltung ist der eigenen Seele gegenüber angebracht. Der Zwang der Welt hört an dieser Schwelle keineswegs auf. Die Denker des Neuen Gedankens werden dich über die Schädlichkeit solcher Aufrichtigkeit gegenüber der eigenen Seele belehren. Dies alles nennt man Zivilisation.

Werden die dort drin bei Berns dem Leben, das wir Menschen unter unseresgleichen zu führen haben, seinen häßlichen, niederdrückenden, tödlichen Widersinn zu nehmen verstehen? So daß in Zukunft der Mensch dem Menschen hell und im Licht wird begegnen können? Woran hat der Sozialismus bis heute gearbeitet? Das Proletariat von der Acht der materiellen Not und dem Enterbtsein zu befreien. An der Macht des Proletariats hat der Sozialismus gearbeitet. Wohl leidet die Seele Qual, wenn sie den Überfluß des einen und die Not des andern, den Übermut des einen und die Bedrückung des andern wahrnimmt. Wohl leidet sie Qual, wenn sie erkennt, wie morsch das Fundament der Gesellschaft ist, die solches zuläßt. Aber krankt die Seele aus diesem Grunde an der Welt?

Höre, Bruder, der du zu jenen gehörst, die Proletarier genannt werden und die die Welt zu befreien unternehmen wollen: es gibt noch andre Enterbte und Entrechtete als euch! Die auf Befreiung warten und vielleicht gar schwerer an ihrem Los tragen als ihr, weil für eure Befreiung Kräfte aufgeboten und am Werk sind, für sie aber nicht. Sie tragen ihr Los mit stummem Mund und niedergeschlagenen Augen. Ihr seht sie an der Tafel sitzen, von der ihr fortgewiesen seid, und ihr sprecht: dort sitzt der Feind! Aber ihr irrt euch. Denn sie leiden an dem Hunger der Seele, der tief nagt und für den keine Früchte auf Bäumen, in der Humusrinde und in den Fabriken wachsen. Und ihre Leibeigenschaft ist schwer, weil das Ende der Kette, an der sie gebunden liegen oder durch das Leben geschleift werden, nicht aus der Hand dieses oder jenes Machthabers gerissen werden kann zu ihrer Befreiung. Ihr werdet teil an ihrem Hunger und an ihrer Sklaverei haben, sobald euer heutiger Hunger und eure heutige Sklaverei getilgt sein werden. In der Tiefe eurer Menschenseele lauert dasselbe Los und Leid auf euch. Ihr werdet es erleben und erleiden müssen, gedenket ihr nicht jener Enterbten und Entrechteten, in dieser Stunde, die die Befreiung bringen soll.

Ja – von euch erwarten sie die Befreiung! Das große christliche Wunder, das geistige Glück der Gesamtheit! Ihr könnt es wirken, wenn ihr das Leid der Geistigen einbezieht in den Bezirk der Nöte, die aus der Welt zu schaffen sind durch die Erhebung der Proletarier.

Warum helfen sie sich denn nicht selber, so höre ich dich sprechen, Bruder? Warum zum Teufel helfen sie sich, denen die Gabe des Handelns ebensogut wie uns und die Gabe des Redens und der Überredung noch viel besser als uns gegeben ist, denn nicht selber? Das ist ein Geheimnis, Bruder, und ich kann deine Frage nicht beantworten. Es ist das Geheimnis des Geistes, so gut wie das andre: daß das Proletariat, die Masse allein das Individuum erlösen kann.

Ergreifet und hebt sie mit eurem Aufschwung empor. Das ist es, was ich von euch erwarte, ihr Brüder!

Härte und Zwang sollen aufhören; alles soll heiter und glorreich frei werden zwischen den Menschen, dem Menschen und seinem Nächsten. Die Klassen sollen aufhören, Klassen zu sein, so wie die tiefen Einkerbungen, durch die heute die Grenzen der Völker im Erdboden dreier Weltteile gekennzeichnet sind, zugeschüttet und geglättet werden sollen. Das Wort Gleichheit soll seine Bedeutung verlieren, nur mehr als ein der Geschichte angehörendes Wort weiterleben, weil es eine Forderung enthält, die die Liebe der Menschen erfüllt hat. Hunger und Fron, Prasserei und Müßiggang sollen beendet sein. Sie werden aufgehört haben, wenn die Menschen gelernt haben werden, Menschenleid nicht nach Kategorien zu sondern und einzuschätzen. In raren, kostbaren Stunden fühlt ja ein jeder von uns, wie sein eigenes Leid sich im großen allgemeinen auflöst und damit von ihm genommen ist, auf eine jähe, zauberhafte Art. Es muß ein allgemeines Glück geben, so gut wie es ein allgemeines Leid gibt. Da es diese Zeit des Krieges geben konnte, da es möglich war, daß jeder sein eigenes Leid rings um sich verhundertfacht wiedererkannt hat, muß es eine Zeit geben können, in der jeder glücklich sein, den Nebenmenschen im Glück wiedererkennen wird.

Solange wir Menschen nur darauf sinnen, wie die Macht von der einen Seite hinüber auf die andre gerissen werden könne – so lange geht der Allgemeinheit kein Quentchen ihres Leides verloren. Es wird nur auf eine neue Art unter die Menschen verteilt.

Aber die Seele sträubt sich gegen die Finsternis. Sie will nicht die Angst Herr über sich werden lassen: dies sei ja die Menschendämmerung, das allgemeine Versinken! Sie sinnt auf Befreiung, und die Befreiung ist beschlossen in dem Bewußtsein, daß auch der Mitmensch teil an dem eigenen Glück habe!

Ein Glaube steigt aus der Seele der Völker empor, wie ein vergessenes Lied. Aus verstreuten Stimmen über dem Erdenrund erwacht und erschallt der Ruf: Bruder Mensch!

Ist das der neue Sozialismus oder der uralte, verschüttete, der sich befreit hat und tönend geworden ist? Die Macht soll aufgehen, restlos sich auflösen in der Liebe. Es soll keine, keine Schranke mehr geben zwischen Volk und Volk, Klasse und Klasse, Seele und Seele. Ja, das ist die einzige Rettung: das Glück des Menschen kann einzig in dem Bewußtsein begründet sein, daß der Mitmensch glücklich sei.

Ich sehe dich, Bruder Mensch, mit deinem Eimerchen, dem Pfeifchen zwischen den Lippen, ich sehe dich in der Ferne, verklärt, eine elende Larve fällt, dein Herz erstrahlt, die Augen müssen sich schließen, so hell erstrahlt das Menschenherz.

Jetzt ist die Musik verstummt, alle Leute sind fort. Ich sitze allein auf meiner Bank, bin müde. Berns ist dunkel, soeben dreht der Wächter den Schlüssel um im Gittertor. Jetzt gehe ich auch. Einen Blick noch nach Berns.

Ist es denn nötig, daß sie hierherkommen, aus allen Teilen der Welt, in der die Kanonen donnern, um den Frieden zu schaffen, der uns not tut? Bin ich nur müde und schlafbefangen, wenn ich zu mir spreche: mögen sie kommen, frommt es denn, und säßen sie wochenlang hier im Saal, den Frieden können sie doch nicht schaffen, den Frieden, der den Söhnen des Vaters not tut, auf daß kein Mensch mehr die Welt der Menschen verlassen und in seinem letzten Erdenseufzer klagen müsse:

Ihr wißt nicht, wer von euch geht!
Ihr wißt nicht, was ihr vernichtet habt!

Ein paar Tage nach dieser Nacht bei Berns landete ich auf einer kleinen Insel draußen in dem Schärenmeer von Stockholm, schon weit draußen, auf dem Weg der Schiffe nach Finnland.

Ich lebte still für mich auf der kleinen Insel, lag auf den sonnebeschienenen Steinen an der Nordspitze und sah den Schiffen zu, die tief beladen nach Stockholm fuhren, leer und mit in der Luft schwingenden Schrauben den Weg zurück nach Norden fuhren. Im Kursaal tanzte die Jugend; draußen in der kleinen Hafenbucht flogen die Jachten mit wunderbarem Schwung zur Anlegebrücke heran; in den Nächten waren vom dunklen Strand unbekümmerte Stimmen weit draußen auf dem Wasser zu hören, sie sangen fröhlich und klar die herrlichen Lieder Schwedens zur Laute oder der Harmonika.

Täglich kamen aus der Stadt die Zeitungen, und in ihnen stand das trübselige Schicksal, die Kunde vom Scheitern der Konferenz zu lesen.

Wunderbar tönte der nächtige Gesang vom Strande, vom Wasser her, die Augen sogen sich voll mit dem unirdischen Gefunkel der Sterne am tiefen Himmel in der Höhe.

Zuweilen fuhr ich nach Sonnenuntergang in einem kleinen Boot weit hinaus in die absonderlich schöne reglose Welt aus Baum, Busch, Fels und Flut, die zu versinken schien, wenn der Mond nicht am Himmel stand, die Nächte hatten ja um die Sommerwende ihre Helligkeit ganz verloren.

Und da, in einer Nacht, sah ich, weit in den Schären, das Nordlicht am Horizont aufflammen.

Ich hatte mich verspätet, und daran war ein Boot schuld, in dem ein Mann saß und angelte. Ich hatte ihn schon auf der kleinen Insel gesehen. Er ging, einen Plaid über die Schultern gelegt, einen selbstgeschnittenen und mit eingekerbten Runen verzierten Stecken in der Hand, stets allein, ohne jemand zu beachten, über die Waldpfade und dudelte mit tiefer Stimme ein Lied vor sich hin. Er hatte einen kurzen, krausen Bart, schon grau, auch seine Augen waren grau, mit grünlichem Schimmer, wie das Meerwasser an Stellen, wo man auf den Grund sieht. Er war von hünenhaftem Wuchs und hielt sich schlank aufrecht.

Mit meinen ans Dunkel gewöhnten Augen sah ich dem Angler in der Ferne zu. Er warf die Schnur aus, was an der Bewegung des Körpers und dem leisen Schwanken des Bootes zu erkennen war, saß und wartete. Allmählich verschlang die Finsternis alles, ich sah nur in die Richtung hin, in der sich das Boot befinden mußte, der Wurmfänger vor Berns fiel mir ein, ich gewahrte ihn leibhaftig vor mir, da stieg das Nordlicht auf am Horizont!

Erst waren es nur wenige Strahlen, wie aus einem Scheinwerfer aufgeflogen, hell und gerade aus dem Wasser, über die Inseln auf in die unermeßliche Höhe der Nacht empor. Dann war es ein Fächer von Licht, mit dunklen Stäben dazwischen; er nahm fast den ganzen Horizont ein. Die Strahlen rückten zu Säulen zusammen, wie ein Springbrunn schoß das Dunkel kristallen in die Höhe empor. Mit einemmal kam Farbe in das Licht und die Dunkelheit. Die hellen Strahlen wandelten sich aus Grau in Purpur, die dunklen Säulen vertieften sich in der Farbe des Amethystes. An den Rändern spielte phosphoreszierend gelbes und orangefarbenes Licht. Quer über den Himmel huschte ein wagrechter Pfeil, aufblitzend, verglimmend, von Osten nach Westen, war da, schoß vorüber, verschwand. –

Ich hatte am Tage in der Bibel gelesen und erinnerte mich an die Zeichen am Himmel aus der Offenbarung, die von den Engeln ausgegossenen Ströme über die Welt der Menschen.

Im 22. Kapitel wird von den Knechten Gottes berichtet, die den Namen auf der Stirn tragen:»Und es wird keine Nacht dasein, und werden nicht bedürfen einer Leuchte oder des Lichtes der Sonne; denn Gott der Herr wird sie erleuchten, und sie werden regieren von Ewigkeit zu Ewigkeit.«

An diese Worte mußte ich denken, während ich das Wunder des unermeßlichen nordischen Himmels vor mir aufglühen sah, wie es mit Purpur, Gold und Amethyst die Nacht erhellte.

Ich sah das Licht von der Erde aufsteigen, tief aus den Schären am Horizont. Nur der eine zuckende Strahl war aus der Unendlichkeit gekommen, in Engelsfernen verschwunden. Ich schaute, dachte, schwieg. Das Boot schaukelte leise unter mir, mein Atem allein bewegte es auf dem reglosen Meer. Die Nacht war voll von dem tobenden Wunder des Himmels, mein Boot regte sich kaum, mein Atem nur teilte sich leise der reglosen Flut mit, in der ich schwamm. Die Farben begannen zu erblassen. Das Nordlicht starb. Noch eine kleine Spanne Zeit, dann war alles von demselben bleiernen, letzten Schweigen umfangen.

In tiefer Nacht kam ich heim. Mir war's, als hätte ich dort draußen in meinem Boot die Schwelle des Todes überschritten, als läge das Leben hinter mir, alles, Hoffnung, Schmerz, Menschheit, alles. Vor dem Fenster meiner Stube, weit im Wald draußen, schlug ein Vogel. Ich hörte den Laut. Es war nur ein einziger Vogellaut gewesen, ich hörte nichts mehr.

Ein Wort fiel mir ein: Daggmask!

Wie dieses Wort, so ähnlich hatte der Ruf geklungen. Ein bißchen spöttisch, ein wenig auch wie ein Lockruf, ein ferner, klagender Laut aus dem Wald: Daggmask! Daggmask!

In dieser Nacht schlief ich lange und tief. Mein Schlaf war von wunderbaren, farbenschweren und rauschenden Träumen erfüllt, vergessenen Träumen aus einer versunkenen Welt. Beim Erwachen zog mir ein Klang nach wie aus großer Entfernung; eine verhallende Stimme, die die Worte sprach: »Die Maske des Tages ist gefallen!«

Stockholm-Fürüsund, August 1917

Über tredition

Eigenes Buch veröffentlichen

tredition wurde 2006 in Hamburg gegründet und hat seither mehrere tausend Buchtitel veröffentlicht. Autoren veröffentlichen in wenigen leichten Schritten gedruckte Bücher, e-Books und audio-Books. tredition hat das Ziel, die beste und fairste Veröffentlichungsmöglichkeit für Autoren zu bieten.

tredition wurde mit der Erkenntnis gegründet, dass nur etwa jedes 200. bei Verlagen eingereichte Manuskript veröffentlicht wird. Dabei hat jedes Buch seinen Markt, also seine Leser. tredition sorgt dafür, dass für jedes Buch die Leserschaft auch erreicht wird.

Im einzigartigen Literatur-Netzwerk von tredition bieten zahlreiche Literatur-Partner (das sind Lektoren, Übersetzer, Hörbuchsprecher und Illustratoren) ihre Dienstleistung an, um Manuskripte zu verbessern oder die Vielfalt zu erhöhen. Autoren vereinbaren direkt mit den Literatur-Partnern die Konditionen ihrer Zusammenarbeit und partizipieren gemeinsam am Erfolg des Buches.

Das gesamte Verlagsprogramm von tredition ist bei allen stationären Buchhandlungen und Online-Buchhändlern wie z. B. Amazon erhältlich. e-Books stehen bei den führenden Online-Portalen (z. B. iBookstore von Apple oder Kindle von Amazon) zum Verkauf.

Einfach leicht ein Buch veröffentlichen: **www.tredition.de**

Eigene Buchreihe oder eigenen Verlag gründen

Seit 2009 bietet tredition sein Verlagskonzept auch als sogenanntes "White-Label" an. Das bedeutet, dass andere Unternehmen, Institutionen und Personen risikofrei und unkompliziert selbst zum Herausgeber von Büchern und Buchreihen unter eigener Marke werden können. tredition übernimmt dabei das komplette Herstellungs- und Distributionsrisiko.

Zahlreiche Zeitschriften-, Zeitungs- und Buchverlage, Universitäten, Forschungseinrichtungen u.v.m. nutzen diese Dienstleistung von tredition, um unter eigener Marke ohne Risiko Bücher zu verlegen.

Alle Informationen im Internet: **www.tredition.de/fuer-verlage**

tredition wurde mit mehreren Innovationspreisen ausgezeichnet, u. a. mit dem Webfuture Award und dem Innovationspreis der Buch Digitale.

tredition ist Mitglied im Börsenverein des Deutschen Buchhandels.

Dieses Werk elektronisch lesen

Dieses Werk ist Teil der Gutenberg-DE Edition DVD. Diese enthält das komplette Archiv des Projekt Gutenberg-DE. Die DVD ist im Internet erhältlich auf **http://gutenbergshop.abc.de**

Zeitfracht Medien GmbH
Ferdinand-Jühlke-Straße 7
99095 Erfurt, Deutschland
produktsicherheit@kolibri360.de